互联网+汽车

人类终极的移动空间

曹芳宁　李　易　主编

U0810856

電子工業出版社
Publishing House of Electronics Industry
北京•BEIJING

内 容 简 介

本书从车联网技术、可穿戴设备的应用和汽车内饰外观的变革等角度，说明了汽车在“互联网+”的第三次互联网革命中，作为终极移动空间，从可定制、共享性等多个方面为读者介绍了未来汽车所能提供的各项功能，相较传统方式更加强调可定制化的服务，同时分析了现今汽车行业以自动（无人）驾驶和电子商务为主的革新动态，并针对现有汽车产业链的各环节介绍了互联网汽车时代的消费者和商家提供的可行商业模式。

本书还就当今汽车领域前沿技术论述了汽车业发展面临的主要挑战，适合汽车领域从业人员、研究人员和对汽车领域感兴趣的读者阅读参考。

未经许可，不得以任何方式复制或抄袭本书之部分或全部内容。
版权所有，侵权必究。

图书在版编目（CIP）数据

互联网+汽车：人类终极的移动空间 / 曹芳宁，李易主编. —北京：电子工业出版社，2016.5
ISBN 978-7-121-28218-8

Ⅰ. ①互…　Ⅱ. ①曹…　②李…　Ⅲ. ①互联网络—应用—汽车工业—研究
Ⅳ. ①F407.471-39

中国版本图书馆 CIP 数据核字（2016）第 039752 号

策划编辑：董亚峰
责任编辑：董亚峰　　文字编辑：赵　娜
印　　刷：北京建宏印刷有限公司
装　　订：北京建宏印刷有限公司
出版发行：电子工业出版社
　　　　　北京市海淀区万寿路 173 信箱　　邮编：100036
开　　本：720×1 000　1/16　印张：16.5　字数：207 千字
版　　次：2016 年 5 月第 1 版
印　　次：2025 年 3 月第 3 次印刷
定　　价：88.00 元

凡所购买电子工业出版社图书有缺损问题，请向购买书店调换。若书店售缺，请与本社发行部联系，联系及邮购电话：（010）88254888。

质量投诉请发邮件至zlts@phei.com.cn，盗版侵权举报请发邮件至dbqq@phei.com.cn。

服务热线：（010）88258888。

前　言

——四维度解析“互联网+汽车”何以打造人类终极的移动空间

“互联网+”将重新定义现有汽车行业的业务模式，用第三次互联网革命带来的特征——全新、高效和及时的服务替代原来低效的组织管理形式和资源配置方式，汽车产品和服务的供应者、使用者角色将被互联网用户重新定义。

车辆租赁行业是变革的先行者。移动出租车服务具有天然的O2O特征，借助互联网的线上服务和线下对接可以迅速形成闭环，使Uber、滴滴、快的等，迅速打造了“互联网+”下，客户、车辆拥有者和平台提供者共赢的商业模式。共享出行和租车、拼车、专车甚至二手车交易的商业模式在互联网共享经济时代将成为B2C甚至C2C的杰出范式。汽车服务市场变革带来的消费者对前端的定制化需求，在互联网时代变得越来越容易实现，一对一的客户服务在第二次互联网革命（即“移动互联网”）时代为汽车销售和售后环节提供了强有力的支持和帮助，而“互联网+”时代将直接在前端、在制造之前，定制先行。

作为“互联网+汽车”革命的先行者，德国汉堡的汽车杂志《AUTO BILD》在 2015 年第 34 期的出版物中刊登出了其自主设计的苹果汽车造型图纸。该杂志设计的假想图展示了苹果汽车应该是一款能够自动驾驶的由电力驱动的小型两厢电动车。最近媒体也频频爆出苹果公司在旧金山北部的试车场，主要试验的车辆便是能够带给用户全新驾控体验的苹果汽车“iCars”，如图 1 所示。

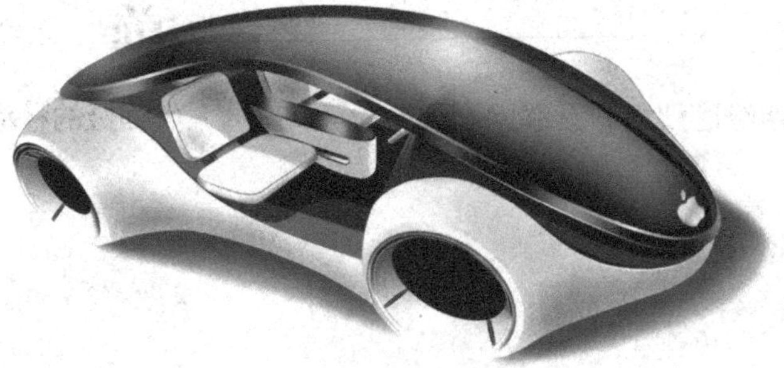

图 1 iCars 假想图

（图片来源：德国汽车杂志《AUTO BILD》）

未来的苹果汽车更多地将汽车逐渐进化为通过软件操控的机器人，车上的人能够体验到完全联网，无论是听音乐、操作屏幕、信息沟通，还是车载电影都会有全新的体验。

其实，苹果公司对 iCars 的论述和本书对汽车将成为人类终极的移动空间的定义，都对现有汽车行业进行变革和取得突破给出了新的方向，即汽车必须在“互联网+”下，为人类营造高效、舒适、安全、便捷的驾乘体验，创造人们工作、生活的第三空间，才能真正颠覆汽车市场，让整个汽车行业在移动互联网时代取得新的长足进展。

本书对汽车将成为人类终极的移动空间的定义，在用户体验、生活改变、技术保障和行业革新四个维度给出了全新的诠释。

移动空间带来终极驾乘体验

智能化的驾车体验显然在我们定义的未来汽车将成为终极的移动空间过程中处于一个基础功能的地位，同时又必须是一个不断更新、迭代的过程。从车载移动终端、手持设备终端和远程控制端的跨屏操控及互动，到可穿戴设备、全息影像成为人们驾驶车辆的工具，到身临其境的影音、游戏体验，即时互动的汽车新社交，多变、可定制的汽车内外部空间布置成为人们可以随心、随喜而用的服务功能，汽车作为人们移动、出行的空间，将为人们提供在此空间内的多重选择——工作、学习、休闲、健身，提供终极的驾乘体验，打造终极的移动空间。

汽车配套平台打造全新生活空间

汽车作为互联网的新端口，多信息渠道是终极空间的营养链。有了车轮下收集的信息，人们可以和自己的汽车对话，享受便捷的汽车线上服务，在车内安排自己的生活行程。多重、可变的车内空间可以为乘客提供办公、休闲、学习、健身的多种选择，而大数据和云存储则能够帮助人们实现车内与车外的连接，汽车支付平台、信息交互系统、个人习惯喜好和信用评级等的实现，都将借此发挥作用，给出了车门的人们继续带来方便。拥有更多智能操控系统的汽车将自身“手机化”，方便人们装入口袋，参与更多的生活。伴随着自动驾驶到来的汽车自动保养、维修、结算等，也为人们生活省去了不少麻烦。

软硬件技术保障移动空间“终极”地位

打造未来终极移动空间的不仅仅是实体的汽车新材料或模块化的汽车零部件，数据也是构成这个终极空间的重要部分。汽车变得“耳聪目明”，需要数据从中传递信息、获取联系。大数据的精准定位和实时分析功能成为移动互联时代的利器，而大数据的收集、存放、传输，离不开云存储。大数据、云存储保证汽车通过车载智能设备顺畅、及时连接互联网，整个车联网生态环境将成为汽车这一终极移动空间的重要保障。软硬件技术就像车联网的自来水龙头，将整个系统的信息传递到每一辆车。用户在汽车内打开 App，便能获取来自移动互联网的源源不断的信息，提高汽车的“软实力”和移动空间的服务功能。多样、多变、可定制的内饰外观设计也需要强大的汽车硬件技术来保证，模块化和兼容的理念也是移动空间终极地位的有力保障。

终极移动空间重新定义以人为本的汽车产业链

汽车作为终极的移动空间，可以作为专属车辆进行个人定制，在汽车产业链的前端就要考虑到这一点，利用大数据获取客户消费习惯。车联网同时对后端市场提出了终极移动空间的适配要求，开拓线上售后渠道、延伸产业链成为不二选择。在前端、后端都发生变化的汽车新产业链做到以人为本，即围绕的核心变为如何为人们提供想要的服务，成为汽车产业打造终极移动空间的发力点。在传统的车与人直接连接的买卖环节中，如何利用互联网和电子商务开辟新的商业模式，B2C 的作用是否如 C2C 般更加强大，适配新的产业模式，都是本书要讨论的问题。按照用户个人设计定制的车辆，独具魅力，个人拥有对车辆诠释、驾乘和交易的权利。车主开车上路，可能会遇到对这台车非常喜爱的消费者，二人便可通过简单的交易手续，支付并实现车辆的买卖。车联网保证汽车的每个部件信息都能够转化为数据存储在云端，随时调用，方便人们全方位了解终极移动空间的状态和运转信息，充分保障汽车安全。

然而高效、舒适、安全、便捷的终极移动空间给人们提供的服务还要经受住同样由互联网带来的信息时代普遍存在的风险的考验。不过随着 2030 年人类社会步入汽车 4.0 时代，相信这些问题将很快得到解决，“互联网+”将助力汽车成为人类终极的移动空间（见图 2）。

图 2　汽车——人类终极的移动空间

（图片来源：互联网思维车联网）

目 录

第 1 章
Chapter 1

“互联网+”的本质

毋庸置疑，如果没有“互联网+”国家战略以及行动计划的落地生根和开花结果，“互联网+各行各业”的美好梦想和远大前程也就无从谈起。

因此，深度理解“互联网+”是一个严肃的课题，希望读者朋友们通过本章内容可以从理论与实践两个维度加深与拔高对“互联网+”的认识。

首先，作为中国互联网史上第三次革命，“互联网+”比前两次互联网革命来得更加猛烈、更加颠覆，它不仅将继续变革中国的经济生活，它还必将变革中国的政治生活，这也是“互联网+”被正式载入中国国务院年度政府工作报告的根源之一。

其次，“互联网+”国家战略地位的确立标志着中国社会已经由人口红利时代、环境红利时代正式步入互联网红利时代。值得一提的是，2015年6月29日，李易先生在《互联网+》丛书宏观篇《互联网+：中国步入互联网红利时代》一书中首次提出的“互联网红利”概念被中共中央网络安全和信息化领导小组办公室官方正式引用。

最后，“互联网+”绝对不等同于“+互联网”。这个“+”有三点内涵：第一，“+”的位置代表了引领中国社会创新驱动的主体；第二，“+”带来的也绝不仅仅只是生产力的提升，它还将带来生产关系的重构。第三，“+”本身还代表着无中生有的供给以及莫名其妙的消费。

对于汽车行业而言，既有像“专车”“拼车”“共享车”等，由互联网渠道带动实现新的经营模式的“互联网+”环节，自然也有“乐车邦”等将传统快速修理店整合到互联网渠道实现新的发展的“+互联网”环节。本书将着力于“互联网+”环节，为读者解析“互联网+”带动的火车头式的改革对汽车行业将带来怎样的影响。

01 Section “互联网+”=中国历史上第三次互联网革命

一 第一次互联网革命：桌面互联网

互联网最早起源于美国国防部高级研究计划署的 ARPAnet 研究项目，该网络于 1969 年投入使用。最初，ARPAnet 主要是用于军事研究，它主要基于这样的指导思想：网络必须经受得住故障的考验而维持正常的工作，一旦发生战争，当网络的某一部分因遭受攻击而失去工作能力时，网络的其他部分应能维持正常的通信工作。从 20 世纪 70 年代末开始，个人计算机兴起，各式各样的计算机网络应运而生，由此产生了实现不同网络之间互联的需求，导致了 TCP/IP 协议的诞生。1982 年，ARPAnet 开始使用 IP 协议。1983 年，ARPAnet 分裂为两部分，ARPAnet 和纯军事用的 MILnet。同时，局域网和广域网的产生和逢勃发展对 Internet 的进一步发展起了重要的作用。其中最引人注目的是美国国家科学基金会建立的基于 TCP/IP 的主干网 NSFnet。NFSnet 于 1990 年 6 月彻底取代了 ARPAnet 而成为 Internet 的主干网，第一代互联网由此诞生。1990 年 9 月，由 Merit，IBM 和 MCI 公司联合建立的非盈利组织——先进网络科学公司 ANS 建立了一个全美范围的 T3 级主干网，它能以 45Mbps 的速率传送数据。到 1991 年年底，NSFnet 的全部主干网都与 ANS 提供的 T3 级主干网相联通。1989 年，Tim Berners-Lee 提出万维网（WWW）的设想，他发明了超文本，使用超级链接将不同服务器上的网页互相链接起来，从而使人们很容易访问相互关联的信息。同时期，微软全面进入浏览器、服务器和互联网服务提供商（ISP）市场，实现了互联网的商业化。WWW 的出现和互联网的商业化推动互联网用户数呈指数增长，从 1995 年到 2002 年，互联网用户数平均每半年翻一番。

在中国，1986 年，北京市计算机应用技术研究所实施的国际联网项目——中国学术网（简称 CANET）启动，其合作伙伴是德国卡尔斯鲁厄大学。1987 年，CANET 在北京计算机应用技术研究所内正式建成中国第一个国际互联网电子邮件节点，并于 9 月 14 日发出了中国第一封电子邮件，揭开了中国人使用互联网的序幕。

1994 年 4 月，中关村地区教育与科研示范网络工程进入互联网，实现和 Internet 的 TCP/IP 连接，从而开通了 Internet 全功能服务。从此中国被国际上正式承认为有互联网的国家。之后，ChinaNet、CERNET、CSTNET、ChinaGBN 等多个互联网络项目在全国范围相继启动，互联网开始进入公众生活，并在中国得到了迅速发展。

中国互联网从 1997 年开始进入快速增长阶段。国内互联网用户数 1997 年以后基本保持每半年翻一番的增长速度。中国互联网络信息中心（CNNIC）公布的统计报告显示，截至 2014 年 12 月，我国网民规模达 6.49 亿，互联网普及率为 47.9%；我国 IPv4 地址数量为 3.32 亿，拥有 IPv6 地址 18797 块/32；我国域名总数为 2060 万个，网站总数为 335 万个。

随着越来越多的个人和企业使用互联网，并发现它在通信、资料检索、客户服务等方面的巨大潜力，互联网在中国掀起了一场革命——桌面互联网革命。

桌面互联网革命给全世界信息交流和传播带来了革命性的变化。人类社会从农业社会、工业社会进入信息社会。信息成为继土地、能源之后的又一重要战略资源，它的有效开发和充分利用，已经成为社会和经济发展的重要推动力和取得经济发展的重要生产要素，给人类带来了一次生产力飞跃，并改变了商业运作模式，改变了人们的生活方式，改变了知识的获取和形成模式。

对个人生活而言，互联网的出现改变了人们的信息获取方式，人们不再仅仅依靠报纸、电视获取信息，通过超文本、超链接技术和搜索引擎技术，人们可以在网络上筛选文字、声音、图像，极大地提高了信息获取的速度和准确性；互联网的出现改变了人们的休闲娱乐方式，网络游戏、在线视频等成为人们闲暇时放松的重要工具；互联网的出现改变了人际交往方式，桌面互联网时代，诞生了 QQ、MSN 等即时聊天工具，和人人网、微博等社交网站，人与人的交往跨越了地域的界限；互联网的出现改变了人们的工作方式，互联网的兴起使得人们可以从事各种基于互联网的工作，网络成为人们开展各项工作的平台，BYOD 等工作方式的出现打破了工作地点对个人工作的限制，扩大了人们的工作范围、工作对象，大大提高了工作效率。

对社会生产而言，互联网带来了生产力质的飞跃。信息可以减少短期的不确定性，从而显著减少了生产某一数量的产品所需要的实际资源。在信息获取技术最新的一波革命前，20 世纪的大多数短期商业决策都受到信息传输的内在延迟所造成的不确定性的拖累。由于无法及时了解顾客的需要以及存货的实时规模和位置，企业通常需要相当多的能源、物料和人力储备才能保证有效运转。由于决策是根据数日乃至数周前的信息制定的，生产计划必须要求准备足够多的存货量，才能适应市场需求的不可避免的意外反应并防止误判。在 20 世纪大多数的时间里，存货量的决策经常需要对每个项目进行费时费力的计算。在管理层有足够的信息调整产量前，存货往往已堆积了数周。

如今，公司总裁掌握着存货、应收款和应付款的实时记录，能够对新出现的失衡迅速做出反应。很显然，近年来实时信息的大量增加使企业管理层能够大幅削减安全存货量和计划内的冗员数量。这意味着经济活动需要的物品和人力减少了，而这些富余存货和冗员在一两代人以前，还被认为是维持生产的必要保险措施，但最终大多不能产生真正有价值的结果。

这些进步突出了互联网等信息技术的本质：拓展我们的知识，减少短期的不确定性。其结果是，与各种产业活动有关的风险溢价出现了永久性的下降，并节省了用以维持信息系统的资本的数量。简单地说，互联网使整个经济的小时产出率得以提升，部分原因是减少了用于防范未知和意外事件的工作量。

二 第二次互联网革命：移动互联网

2000 年之后，尤其是 2007 年第一代 iPhone 诞生以后，互联网已经从桌面互联网步入移动互联网的新阶段。在中国，互联网革命的主战场也由桌面互联网向移动互联网升级。

在移动互联网革命阶段，中国已经可以做到与世界先进水平同步，甚至在某些领域推动全球移动互联网的发展。2001 年 11 月，中国移动开启“移动梦网”创业计划，标志着中国移动互联网的开始。从 2007 年开始，互联网及终端企业相继独立开展移动互联网业务，腾讯、新浪等桌面互联网巨头也开始移动互联网转型，中国的移动互联网进入快速发展期。近年来，随着 WiFi、3G 无线网、4G LTE 高速无线网的快速发展和智能终端的进一步普及，笔记本、手机、摄像头、传感器、电视、冰箱、汽车等，都将与互联网相联，从而使得几乎每一个物体、每一个人都成为互联网的一部分，全社会开始真正做到万物皆联网。梅特卡夫定律告诉我们，网络的价值与联网用户数量的平方成正比。移动互联网时代，智能手机、平板电脑、智能眼镜、智能手表、智能家居等各种智能终端及物联网传感器将接入无线网络，并连结云计算中心，移动互联网产生的价值将是过去桌面互联网的数十倍。而且移动互联网并不是对桌面互联网的延伸或补充，它改变了信息和人的二元关系，让人成为信息的一部分，并由此改变了人类社会的各种关系和结构，也因此会引起整个人类生产、生活各个领域的变迁。

（1）随着智能手机和平板电脑的普及，移动互联网已经融入到我们的生活中，潜移默化地改变这我们的生活方式。

随着移动应用程序的普及，手机从过去一个基本通信工具，转变为最重要的信息获取渠道。人们通过移动智能终端随时随地浏览网页、查询地图、网购、社交，可以最大限度地利用自己的碎片时间。

（2）随着移动互联网的兴起，行业变得越来越模糊，过去基于传统产业的很多分工界限会被打破。

互联网的两个重要特征就是“去中心化”和“缩短路径”，移动互联网可能使得这一趋势进一步深化，路径的缩短使得信息不对称减少，很多过去依赖于信息不对称存在的中介性服务行业可能会面临被替代的风险。例如，现在旅游中自助旅游的比重越来越高，原因除传统团体游的诸多弊端外，更主要的是移动互联网带来的用户分享的便利性，使得很多对旅游目的地熟悉的人，能够在网上分享自己对于景点和食宿地点的评价，从而使得没有去过这些景点的人，也能在出发前对于旅游目的地的情况了如指掌，对传统旅游中介——旅行社和向导的依赖性大大减少，与此同时也催生了在线旅游服务的新行业。

再如，电商的崛起极大地方便了人们的购买，在对传统的零售行业形成巨大冲击的同时，还连带影响了商业地产等一批与零售相关的产业。

另外，产业的变迁也对政府的管理提出了新的挑战，过去政府针对不同行业设置不同的管理机构，面对各种新兴的行业类型，政府应该如何进行相应的管理和设置呢？

（3）分散化和个性化生产的趋势将越来越显著。

移动互联网使得除传统的 B2B、B2C、C2C 几种互联网商业模式之外，一种全新的 C2B（消费者提出需求，商家响应）模式开始兴起。生产者和消费者变得模糊，移动互联网给个性化需求提供了可能，消费者不再是产品和服务的被动接受者。

反映在汽车行业，便是汽车 4.0 时代的重要特征之一，个人定制化服务。汽车 4.0 时代是罗兰贝格管理咨询公司在 Automotive 4.0 报告中给出的定义，大批量、低技术的贴牌生产是汽车 1.0 时代；越来越快和越来越高质量的汽车和主要的车辆供应商、著名汽车公司的出现是汽车 2.0 时代；电控系统研发、更加注重安全性能和效率，全球范围的整车厂和供应商的出现是汽车 3.0 时代的标志；而以自动驾驶、互联出行、汽车共享为标志的汽车 4.0 时代，则是互联网发挥其在分散化和个性化生产的趋势的重要时期。

国外的汽车购买大都可以提供基本的定制服务，如发动机、内饰风格、外观涂装、配件套装、轮毂轮胎甚至电动车窗等的选配或更换，而国内的销售方式则是由厂商制定基本的车辆款型提供给消费者购买。“互联网+”时代的汽车定制，由整车厂为每一位有定制车辆需求的顾客提供一对一服务的定制顾问，全方位为消费者打造独具个人风格的车辆，甚至汽车可以成为人们的“名片”“汽车名片”和“场景式出行”，将是定制化服务在汽车行业的重要体现。

（4）社会的资源流动和组织形态可能发生改变。

城市本来就是在工业化的进程中为了满足大量工人的生活配套而出现的，当前很多超大城市的规模已经到了环境资源能够承受的极限。对于城市内的居民来说，高房价和交通拥堵也是难以承受的高成本。而高房价和交通拥堵的根源，还是资源过于聚集在城市的核心地带。资源和人的流动是互相关联的，如果未来移动互联在生产领域的应用使得人们能够自主决定工作的时间和地点，那么人们就无须聚集到城市的核心地带去办公，整个资源的流动也会随之改变。同时，移动互联网技术的发展也会使得远程医疗和在线教育得到普及，大城市在医疗和教育资源的优势也将被慢慢削弱。长期来看，超大城市的资源特别是土地价格可能受到重大冲击。

三 第三次互联网革命：互联网+

随着近几年移动互联网、智能终端和传感器的快速发展，云计算、物联网、移动互联网、大数据等多个新兴产业领域瞬间爆发而起，由桌面互联网、移动互联网、物联网三张基础网络撑起的一个云计算大平台，上层衍生出大数据、智慧城市、电子商务、社交网络、O2O 等众多应用和服务，使得互联网的应用已不仅仅局限于信息获取与交换，而是更多地与现实生产生活场景相结合。

李克强总理在 2015 年两会上将“互联网+”提高至国家战略。国家发改委对“互联网+”的定义如是：“互联网+”代表一种新的经济形态，即充分发挥互联网在生产要素配置中的优化和集成作用，将互联网的创新成果深度融合于经济社会各领域之中，提高实体经济的创新力和生产力，形成更广泛的以互联网为基础设施和实现工具的经济发展新形态。

不难看出，“互联网+”其本质就是互联网和实体经济的深度融合发展从而不断创造出新产品、新产业、新模式、新生态，最终目的是为人民、为社会、为国家创造新的价值。

毫无疑问，“互联网+”将中国互联网革命提升到了一个新的高度。

(1)“互联网+”不仅仅是一次技术和经济革命，更是一次对全人类社会生产和生活的全面改造。

与之前的两次互联网革命相比，“互联网+”不再简单局限于相关信息产业内部，而是与人类生产和生活中的各个行业全面融合。例如：“互联网+农业”形成的智慧农业，让农民告别靠天吃饭的命运；“互联网+工业”下的工业 4.0 提高了制造业的生产效率，提升了传统制造企业的竞争力；“互联网+民生”打造的智慧城市，让居民可以更加便利地享受到更高水平的医疗、教育、交通等服务；“互联网+金融”产生的互联网金融，催生了 P2P 信贷、大数据征信等新的业务模式，即提升了传统金融机构的效率，也推动了中小企业、实体经济的发展。

总的来说，“互联网+”通过与社会管理、日常消费、生活场景、生产流程等各个方面协同，减少生产部门、消费部门、政府部门之间的资源匹配无效率，推动整个经济体、全方位的社会转型和发展，从而对经济生活的各个方面，也即人们的日常生产、生活产生直接的、革命性的影响。

“互联网+”对整个社会的影响首先从互联网与实体经济的融合开始。信息要素融入传统行业的各个环节中，通过不同环节的信息实时交换，达到整体效率的提升。汽车电商化、互联网公司不断加入汽车行业，都是互联网带给传统汽车行业的新鲜元素。然而传统汽车企业在汽车行业中积累的宝贵经验和雄厚实力，又决定了他们不会被新的产业模式所排挤。因此，互联网和实体经济的融合将是最合理，也是最恰当的方式。我们看到，国内百度、阿里、腾讯以及优酷、小米等公司都选择了与汽车企业合作的方式，探索新的产品和新的盈利增长点。

随后，“互联网+”对实体经济的改造升级呈现出有破有立的特点。比较明显的如电子商务。实体经济依靠互联网，不仅仅与消费者实现实时的信息交互，并且开始利用积累的数据指导产业链上下游的其他环节：如何设计产品、控制库存、交办物流，最终实现的是商品与消费者需求的最佳匹配；再如餐饮、美甲、美容等常见的 O2O 业态，通过“互联网+”将所有的供需信息在实际发生之前就通过买家和卖家之间的信息互换，达成买卖信息的最佳匹配，从而通过信息的交换实现实体经济的最优化，弥补了客流随着时间呈现明显的不均匀分布特性带来的效率损失。从这个意义上说，这些行业通过互联网提前了解到可能的用户数量，特定时间点的特定需求，还可以用不同时间段的优惠策略，将用户按照各自的需求分配到不同的时间段上，达到实体经济资源的最佳利用。

最后，“互联网+”将对实体经济的业务模式进行重构：新的创造性的力量替代原有的低效的组织管理形式、资源配置方式，成为产品或服务的主要供应者。

这方面最典型的是出租车行业，大家可能对于滴滴打车和快的打车在2014年年初发生的补贴大战还记忆犹新，当时双方不惜斥巨资“请全国人民打车”。由于移动出租车服务具有天然的O2O特征，线上服务和线下对接可以迅速形成闭环，极易受到互联网的冲击。从Uber、滴滴打车及快的打车的使用情况看，出租车行业正在形成一个客户、车辆拥有者和平台提供者共赢的商业模式。首先，车辆使用效率得到提升。由于司机可以知道哪里有用车需求以及目的地，空驶率大幅降低。目前每辆北京的出租车日运行约400千米，空驶率达到40%左右。从国际经验来看，通过移动用车应用可以使得车辆的使用效率提升30%～50%，高端用车市场更为明显，效率提升达到3倍以上。其次，客户服务要求得到满足。在移动用车应用出现之前，客户只能通过扬招或电话的方式叫车，效率并不高。移动用车应用出现后，不仅提高了客户叫车的效率，还可以提供预约用车等定制服务，用户的个性化需求也得到了满足。最后，平台提供者获得了流量和收益。在提供线上线下融合过程中，平台提供者获得了用户流量，这在互联网世界中是最宝贵的资源。平台可以将流量转化为不同的商业价值，比如租车收入分成、增值服务收益等。

（2）对中国来说，“互联网+”不仅仅对经济生活产生影响，还会倒逼中国政治体制改革，全面助推中国实现“深化改革”的目标。

从20世纪八九十年代之交的政治风波，到1992年邓小平“南方谈话”，中国社会的发展呈现箱体震荡的特点。稳定压倒一切，维护体制威权；社会主义可以容纳市场经济——从左右两翼划定了发展与改革的边界。

这种箱体震荡，保障了经济持续20多年的高速增长，中国一跃成为世界第二大经济实体。但由于市场化改革的不彻底，特别是公权力在社会资源配置中的巨大影响力和缺乏监督下的寻租行为，加剧了竞争机会和社会收入差距的不平等，出现了富者愈富、穷者愈穷的“马太效应”，社会阶层流动通道壅塞，而拒绝变通的体制惰性也越来越强。

近几年，中国出现了经济增速放缓，通货紧缩的困难局面。中央在刺激内需、扩大消费方面力度很大，但收效并不明显。学界的判断是：改革失速，中国经济发展失去了原动力。

有关调查表明：由于暴富阶层与相对、绝对被剥夺阶层之间的分化，社会心理与改革初期那种近乎献身的热情形成鲜明对照。人们宁可放慢改革，也不愿加大自己的生活或心理压力，更不要说使自己的利益受损了。居民家庭收入差距在进一步拉大，相当一部分家庭呈现减收趋向。支持改革的社会基础正在减弱。过去居民在改革中的普遍受益是以经济的高速持续增长为前提的，而这种持续高速增长的态势很难在今后十几年中得到保证。

昔日改革的推进主体各级政府部门由于机构改革等原因反过来成为被改革的对象。由于种种原因，权力机构改革难以从根本上奏效，权力不仅不愿意退出市场，而且在某些方面开始与资本加速“合流”。这也是改革失速的重要因素。

渐进式改革无力“破壁”，粗放式增长潜力挖尽。20世纪90年代中期以前，以放权让利等为特征，中央与地方之间、体制内与体制外之间的存量重新分配为经济的增长释放了巨大的能量。然而进入20世纪90年代后期，改革进入深水区，表层改革始终难以向体制深层突破。上层建筑与经济基础之间的矛盾日益突出。

正是基于这种紧迫的现实情况，中共十八届三中全会就全面深化改革作出总体部署，提出了改革的路线图和时间表，涉及15个领域、330多项较大的改革举措，包括经济、政治、文化、社会、生态文明和党的建设等各个方面。近年来社会各界热议的一些议题，都能从三中全会找到共鸣。习近平总书记告诉外媒记者：“改革的进军号已经吹响了。”习近平坦率地表示，中国改革经过30多年，容易的、皆大欢喜的改革已经完成了，好吃的肉都吃掉了，剩下的都是难啃的硬骨头。这就要求我们胆子要大、步子要稳，尤其是不能犯颠覆性错误。

但是1978年以来的改革实践已经充分证明，不可能等到一切制度彻底调整到位了再去谈发展。无论是所有制结构的变革，还是计划、市场在社会资源配置、财富分配方面主导地位的迁移，都经历了一个从暗处到明处，从边缘到中心，从行为到制度的过程。不能绝对地说制度的调整是第一位的，也不能绝对地说新的生产力的发展是第一位的，两者缺一不可。短期内在制度的调整、决策相对滞后的情况下，对制度创新有着天然要求的新的生产力的发展可能从局部首先改变并推动制度创新。制度与以先进技术为代表的新的生产力的发展之间的关系不是对立的，而恰恰是相辅相成的。

马克思主义理论认为，历史上一些重大而又关键的生产力飞跃往往会导致生产关系的大幅度甚至根本性的调整。毫无疑问，从促进生产力要素重新配置、产业结构升级，推动生产关系围绕市场、资本、新技术大幅度调整，以及实现国民经济、社会发展的历史转型等意义上讲，互联网就是这样一种生产力。互联网已经成为中国经济改革、社会发展的新动力，下一步，互联网将推动制度变革，生产力的发展必将推动生产关系进行调整。

首先，互联网会使现在政府更加的透明开放，提高政府的公信力。

2013年10月，国务院办公厅发布《关于进一步加强政府信息公开回应社会关切提升政府公信力的意见》，要求进一步做好政府信息公开工作，增强公开实效，提升政府公信力。同年11月召开的党的十八届三中全会出台《中共中央关于全面深化改革若干重大问题的决定》，多处涉及党务政务公开、互联网管理等方面的内容，对于运用互联网做好政务信息公开工作，具有深远的指导意义。

政策出台后，从中央到地方，从政务公开到便民服务，政府各级机构积极进驻新媒体平台，微博、微信、移动客户端等新媒体平台成为政府信息公开的重要渠道。到2014年年底，经过新浪平台认证的政务微博达到130103个。其中，政务机构官方微博94164个、公务人员微博35939个。

政府借助官方网站、微博、微信等信息渠道，将信息单向输出变为双向交流互动，政府信息公开的力度不断加大。体现在汽车行业，便是政策方和互联网企业磨合、合作的最佳阵地。互联网可以看到国家及地方政府对汽车行业最新的扶持政策，也可以让大众能第一时间了解到身边的互联网行业将会受到怎样的法律和政策约束，自身的权益将怎样得到保障。

利用新媒体发展的移动政务，也在打造一个更加人性化的政府形象。上海市嘉定区早在 2013 年就推出了移动政务 App“掌上嘉定”。“掌上嘉定”除及时发布政务信息之外，还依托各职能部门，深度整合便民服务的信息资源。客户端涵盖了食品、天气、教育、医疗等十几个领域的二十多项功能。此外，“掌上嘉定”还作为信访受理的入口之一，开拓网络问政的新机制。

而随着中国电子政务和电子党务的发展，广大公民可以十分顺畅地访问各级党政部门的网站，获得党政部门的相关信息，并可以在有些党政部门的电子论坛中发表自己的看法，提出自己的建议，对党政部门的工作进行监督；同时，电子政务和电子党务的发展，使公民通过网络与党政领导人沟通变得比以前方便得多，这就大大削弱了科层制下的等级观念，提高了公民政治沟通和政治参与的能力，将激发公民政治参与的热情。

其次，互联网会在现有制度下提升政府的办事效率，提高政府的执行力。

2015 年 1 月，李克强总理主持召开国务院常务会议，确定指出要规范和改进行政审批的措施、提升政府公信力和执行力。会议认为，针对群众反映较多的审批“沉疴”，着力规范和改进行政审批行为，治理“审批难”，是在不断取消和下放审批事项、解决“审批多”基础上，政府自我革命的进一步深化。他还鼓励在行政审批制度改革中强化“互联网思维”。

运用互联网和大数据技术，可实现投资项目在线审批的统一监管，横向联通发展改革、城乡规划、国土资源、环境保护等部门，纵向贯通各级政府，实现网上受理、办理、监管“一条龙”服务，做到全透明、可核查，让信息多跑路、群众少跑腿。例如，安徽省委省政府在全省推建的社会管理信息化，通过打通政府十几个部门的数据，就可以使一线的服务窗口从8～10个缩减到2～3个，办事流程从10～30天减少到1～3天。深圳福田区的“微改革”从减少老百姓办事的身份证等复印件入手。因为户籍信息等数据都在政府手里，各政府部门数据共享，就省了老百姓无数次复印自己的证件，需要时直接从库里调出来就可以了。

互联网的扁平化思维和平台意识，促进了信息传播的路径，改变了过去信息传播一级报一级上传下达的串联模式，为互联网时代的信息并联，所有信息相关方都可及时获取信息，从而让各种政府审批更“透明”，进展到哪个环节，卡在哪个部门一目了然。

最终，互联网将推动政府简政放权，实现政治体制的改革。

互联网是一个典型的复杂网络和生态系统。治理者不应该奢望这个生态是横平竖直、井井有条、按部就班的。生态就像一推杂草，看似杂乱，但却最有生命力。治理者的目标不应该是把这堆杂草剪成草坪，看上去很有条理、很规矩和舒服，而只是去除里面的害虫。只有这样，它们才能长成我们期望的大树，而草坪永远只能是草坪。所以，未来的政府治理应该是一种生态化治理的模式。

按照全球治理委员会在1995年的定义，治理是指公私机构管理其共同事务的诸多方式的总和；它是使相互冲突的或不同的利益得以调和并且采取联合行动的持续过程。从严格意义上而言，治理与统治的概念不同，统治强调的是政府对公共事务的管理，管理的主体必须是政府；而治理的主体可以是政府也可以是私人机构、社会组织。从管理方式上而言，统治往往采取自上而下的方式对公共事务进行单一向度的管理；而治理则是一个上下互动的过程，强调政府与私人机构、社会组织进行合作、协商，多层互动，实现对公共事务的管理。

生态化治理是在治理概念上的发展，强调的是在一个生态系统中，各个参与者为了维持自身的利益和生态系统的可持续发展，共同参与到治理过程中来。生态化治理包括主体多元化、责任分散化、机制合作化三大部分。

治理主体的多元化：几乎生态圈中所有的主体都分享了治理权力，参与到治理过程中来。从现有的治理情况看，消费者、网商、电子商务平台、第三方治理机构、服务商、相关的政府部门、科研机构以及媒体都成为治理主体，享有了治理权力。

治理责任的分散化：治理主体的多元造成了治理权力的分散化，相应的治理责任也分散化了，承担治理的责任也相应地分散于平台、消费者、网商、第三方治理机构、政府等，这种责任的分散化可能导致治理责任边界模糊。

治理机制的合作化：治理主体的多元化和治理权力的分散化，决定了治理不是某个主体能独立完成的任务，必须依赖于各治理主体形成一个密切合作的机制，也称之为治理机制的合作化。此种合作机制的形成一方面有赖于各主体共享共通的价值观念；另一方面又取决于各主体通过合作关系实现各自的利益追求。

互联网作为一种先进生产力的代表，其进一步的发展已受到了原有基于“工业经济”的生产关系的束缚，具体体现在制度安排上的落后。比如：没有促进信息（数据）的流动与共享的政策；只有IT投资预算制度，没有购买云服务的财政支持制度；再比如，在互联网金融、移动医疗等新型领域的监管方面，政府还不能及时地适应技术发展的需求，等等。

正因如此，政府治理者更应该顺应生产力发展的需要，转变行政管理模式，简政放权，遵循最小干预原则，实行生态化治理，让市场充分竞争和有效自律。

从过去的桌面互联网、移动互联网，到现在的“互联网+”，互联网正在不断成熟，其经济性、便利性和性价比越来越高，并作为一种基础设施被广泛应用在数亿人群和各个产业中间，在政治、经济、思想以及文化等诸多层面产生深远影响。

而随着“互联网+”战略的实施，互联网开始真正从边缘走向中心。在应用方面，继传媒、广告、零售业之后，交通、物流、本地生活服务、批发和产业集群、制造业、农业、金融、房地产等会一个一个产业在线化、数据化。当第三次互联网革命全面完成，当“互联网+”时代全面到来，互联网将不仅仅被视作一种连接技术，而将成为一种融入全人类的生存必需品，犹如空气和水，重要而无形。到那时，将不会存在脱离社会经济的网络经济，也不会存在脱离网络经济的经济网络。网络经济将不再是纯粹的虚拟经济，而是虚拟与现实的结合。

02 Section 中国社会正式步入互联网红利时代

改革开放以来，中国依靠人口红利、环境红利实现了经济的快速崛起，GDP 增长率长期保持在 8%以上。根据国际货币基金组织的数据，2013 年中国国内生产总值已达到 9.18 万亿美元，位列美国之后成为全球第二大的经济体。

近两年，受制于国际金融危机、出口放缓、劳动力成本上升等诸多因素，中国经济增速开始放缓，2012 年、2013 年两年的 GDP 增长率已回落到 8%以下，可以说，如果希望中国经济继续保持高速增长，必须找到新的增长驱动力。换句话说，在人口红利、环境红利一去不复返的时代，中国社会的下一个红利又是什么？

我们认为，中国社会的下一个红利就是“互联网红利”。

追溯起来，互联网最初是作为一种特殊的通信方式，主要为美国军方所需，后来逐渐演变成到拥有海量信息汇集的信息海洋，广泛应用于社交、购物甚至生产制造领域，互联网在各个方面均推动着人类社会的进一步发展，一方面互联网通过与人类生活的融合，降低了生活成本，给人们生活带来了极大的便利；另一方面通过与产业的融合，降低了产业的运营成本，提升了产业发展潜力。通过上述融合，有效延缓了潜在经济增速在资本积累和深化过程中的下降趋势，我们将这种神奇的力量称为“互联网红利”。

对处于转型期的中国经济来说，互联网高速公路的确是一条赖以实现超越发展、引领创新的必由之路。从必要性来看，未来的中国经济，离不开技术创新、模式创新以及理念创新带来的增长驱动力；从可行性来看，中国拥有与发达国家基本同步的网络基础设施、领先的智能终端用户普及率以及发达的互联网应用产业链；从优越性来看，中国全球第二的经济规模和堪称“世界工厂”的传统制造业体量，意味着无可限量的互联网应用空间。这都是中国经济实现“弯道超车”的巨大机遇。

03 Section　“互联网+”时代，中国必将超越

在“互联网+”时代，受益于完善的网络环境、普及的终端设备、巨大的用户需求等优势，中国在很多方面都超越了发达国家，互联网给人口众多、需求迫切的中国带来了弯道超车的机会。

一　与世界同步的基础网络

互联网的发展，离不开具有宽带化、智能化、泛在化、融合化特点的宽带网络基础设施。

中国从 2008 年开始 3G 网络建设，目前已经实现了 3G 网络的全国覆盖。2013 年 12 月，工业和信息化部向中国移动、中国电信、中国联通正式发放了第四代移动通信业务牌照（即 4G 牌照）。截至 2014 年 6 月，中国部分城市的用户已可以使用 4G 网络的服务。

从全球范围来看，根据 Juniper 的最新统计数据，目前全球大部分区域仍然使用的是 2G 网络，只有西欧、北美、东南亚、澳大利亚的部分区域开通了 3G 服务，4G 网络只在日本、韩国、美国、澳大利亚、瑞士等少数

发达国家使用。在基础网络服务方面，中国无疑已经同步于世界先进水平。

案例：TD-SCDMA，中国自己的3G通信标准

长期以来，国际移动通信标准都是由欧美和日韩公司或研究院把持。1998年6月，国际电信联盟征集IMT-2000第三代移动通信无线传输技术候选方案，中国原邮电部电信科学技术研究院（现大唐电信科技股份有限公司）向国际电信联盟提出了TD-SCDMA标准。2000年5月，国际电信联盟宣布TD-SCDMA正式成为国际电信联盟第三代移动通信标准3G国际标准的一个组成部分，其与欧洲WCDMA、美国CDMA2000并列为三大主流3G国际标准。

相对于2G及2.5G技术，3G网络拥有更高的传输速度，可提供视频电话、流媒体、手机电视等服务，有利于移动互联网的发展。而中国的TD-SCDMA在频谱利用率、对业务支持具有灵活性、频率灵活性及成本等方面有独特优势。

2002年10月30日，TD-SCDMA产业联盟在北京成立，联盟成员企业由最初的7家发展到目前的30家企业，包括大唐、西门子、中兴、华为、德州仪器、三星、安捷伦等，覆盖了从系统、芯片、终端到测试仪表的各个TD-SCDMA产业链环节。2007年11月，重庆建成了中国第一个TD-SCDMA试验网。2009年1月7日，中国政府正式向中国移动颁发了TD-SCDMA业务的经营许可，中国移动开始在中国的28个直辖市、省会城市和计划单列市进行TD-SCDMA的二期网络建设，目前TD-SCDMA网络能够覆盖中国大陆所有地市及县城中心城区。

此外，罗马尼亚、韩国、法国等国家也建成了TD-SCDMA试验网。

案例：中国三大电信运营商与3G、4G网络建设

中国的3G和4G网络由中国移动、中国联通、中国电信三大运营商负责建设。仅在2009年一年，三大运营商就完成投资1435亿元。中国电信完成建设CDMA2000EV-DO基站11.48万个，市区有效面积覆盖率达96.5%，乡镇数覆盖比例为60%；中国联通共建设WCDMA基站11万个，网络覆盖了全国335个大中城市；中国移动共建设TD-SCDMA基站10.8万个，网络覆盖238个城市。基本完成了对全国的3G网络覆盖。

2013年年底，中国移动、中国电信、中国联通三大运营商都获得了TD-LTE的4G牌照。随后三大运营商都开始了4G基础网络建设。其中，中国移动已经率先在广州、杭州、北京等多个城市推出了4G试商用服务，并且中国移动下一步计划将TD-LTE的覆盖城市扩展到300个以上，在全国更多的城市建设TD-LTE的网络。

二 高度普及的智能终端

以智能手机为代表的智能终端是整个移动互联网发展的硬件载体，移动应用程序需要调用终端商的各种传感器和计算单元来获取数据并完成任务，用户则要通过移动终端实现与网络的连接以获取资讯与任务反馈。

在移动终端领域，欧美发达国家市场呈现日趋成熟及饱和的态势，而新兴市场成为推动全球手机市场增长的最大力量，尤其是以中国、巴西、俄罗斯和印度为代表的“金砖四国”，智能手机的增长幅度远远高过全球平均水平，市场潜力巨大。

受益于中国巨大的人口基数和三大运营商的“千元智能机”计划，智

能手机等智能终端在中国快速普及。美国市场调查公司尼尔森的最新报告显示，中国香港和新加坡的智能手机普及率高达87%，马来西亚和澳大利亚智能手机普及率的分别为80%和75%，中国以71%名列第五，超过法国、德国、美国等欧美国家。

巨大的市场需求将为中国智能手机厂商带来业绩的提升。根据IDC统计，2013年全球智能手机销售首次突破了10亿台，同比增长38.4%，其中中国市场智能手机销量约为3.2亿台。而根据美国高德纳公司的研究报告，在2013年全球智能手机销售市场中，华为以4.8%的市场占有率排名第三，相比2012年的市场占有率提升了0.8%；联想以4.5%的市场占有率位列第五名，同比则有1.3%的大幅增长。

中国工信部电信研究院发布的《中国移动互联网发展报告（2014）》蓝皮书显示，截至2014年1月，中国移动互联网用户总数达8.38亿户，在移动电话用户中的渗透率达67.8%；手机网民规模达5亿，占总网民数的八成多。而IDC预计2012—2017年，中国互联网用户复合增长率为6.78%。中国互联网用户渗透率将远超美国、日本等发达国家，中国将拥有全球最大的互联网和移动互联网用户群体。从年龄结构来看，2013年，互联网用户在90后人群中的覆盖率接近32%；预计2014年此项数据将超过40%。中国移动互联网应用不断迭代与“草根”高热度用户将推动中国成为世界互联网中心地区之一。

案例：三大电信运营商的“合约机”计划

中国移动、中国联通、中国电信三大运营商早在刚开始建设自己的3G网络时就联合苹果、华为、中兴等智能手机厂商推出了“合约机”计划，来引导消费者体验移动互联网。消费者只需预存一定量的话费并承诺月最低消费，就可获得一部3G智能手机及每月的话费返还。此举大大降低了普通消费者的购机成本，推动了3G网络在用户中的普及。根据中国工信部公布的数据，2013 年中国 3G 移动电话用户总规模突破 4 亿户，在移动用户中的渗透率达到 32.7%。2009—2013 年中国 3G 用户数。

案例：“中华酷联”，中国自己的智能手机四巨头

移动互联网的兴起，为各大手机制造商带来了机会。在中国，以中兴、华为、酷派、联想（“中华酷联”）为代表的本土手机制造商通过与运营商合作，以极具竞争力的价格快速占领市场。根据 IDC 发布的报告，2013 年全球智能手机发货量首次突破 10 亿台，同比增长 38.4%，中国厂商增速迅猛表现强劲，其中华为以 4660 万的出货量紧随三星和苹果位列第三，联想排名第五，酷派则以 3.7%的市场份额跻身全球第七位。

而在依靠价格优势占领市场的同时，中国手机厂商也在向中高端市场迈进，力求抢占利润高地。2013 年以来，包括“中华酷联”等在内的多家企业陆续发布了华为 P6、联想 K900、中兴 Nubia 等多款中高端机型，均已取得较大突破。其中华为 Ascend P6 半年销量超过 600 万部，后续机型 AscendP7 售价接近 3000 元，该价格已接近三星、LG、NEXUS 等国际品牌中高端机型的售价。

案例：海思，移动的“中国芯”

芯片是电子信息业的“心脏”，桌面互联网时代，英特尔无疑是电脑芯片领域的霸主；进入移动互联网时代，ARM 主导移动芯片设计，高通、三星则是移动芯片制造的领导者，而来自中国的华为海思正准备挑战这一局面。

海思半导体有限公司成立于 2004 年 10 月，是一家隶属华为的芯片与光器件公司。2012 年，海思发布的首款处理器 K3V2 采用 ARM A9 架构 40nm 制程，主频 1.5GHz，已在华为旗舰手机 P6 上应用，出货量超过千万。

2014年6月，华为发布了新的高端处理器麒麟Kirin 920，代表了中国半导体行业的崛起。Kirin 920采用28nm制程，内置了4个Cortex-A15核心和4个Cortex-A7核心，支持LTE Cat 6，2560×1600分辨率屏，支持4G/3G/2G共5种制式，这一成绩已与高通的旗舰产品骁龙805相当。尤其在网络速度方面，Kirin 920是全球首个支持Cat6的手机芯片，支持峰值300Mbps的极速下载，这一成绩让华为领先整个产业一年的时间，是真正的中国超越。

三 全球领先的互联网应用

互联网和移动互联网的发展水平最终要看具体互联网应用的发展水平。中国独特的市场环境、巨大的需求市场、逐步成熟的技术人才储备都有助于中国互联网应用的发展。而广大的移动互联网用户将提供巨大的市场。数据显示，截至2014年年底，中国移动约租车软件用户已超3300万，可是市场才刚刚起步不久。

中国国家主席习近平在2014年国际工程科技大会上指出："中国拥有4200多万人的工程科技人才队伍，这是中国开创未来最可宝贵的资源。"同时，中国拥有全球最大的互联网和移动互联网用户群体，拥有超过40万的应用开发者，这些因素都有助于中国互联网企业开始开发出领先世界的互联网产品。截至2013年年底，微信注册用户量已经突破6亿；QQ月活跃账户数超过8亿；微博的月发布总信息数达到28亿条。

对于互联网产业来说，是否拥有规模巨大且快速增长的用户群体和较多的使用时间无疑是一款产品成功与否的重要标准，华尔街和资本市场也因为这些标准对来自中国的互联网企业青睐有加。截至2015年9月，港交所上市的腾讯控股市值超过2000亿美元，纽交所上市的阿里巴巴市值超过1600亿美元，纳斯达克上市的百度市值超过500亿美元。

案例：微信的崛起

微信是腾讯公司推出的一款为智能终端提供即时通信服务的免费应用程序，微信支持跨通信运营商、跨操作系统平台通信，通过网络发送免费的语音短信、视频、图片和文字，同时，可以使用通过共享流媒体内容的资料和基于位置的社交插件“摇一摇”“漂流瓶”“朋友圈”“公众平台”“语音记事本”等服务插件。

微信于 2011 年 1 月 21 日上线。2012 年 3 月 29 日，微信用户突破 1 亿。随后微信进入快速发展阶段，2012 年 9 月用户数突破 2 亿，2013 年 1 月用户数突破 3 亿；2013 年 7 月，微信在中国的用户超过 4 亿；腾讯 2015 年度第二季度财报显示，微信月活跃账户数达到 6.00 亿，用户覆盖 200 多个国家、超过 20 种语言。此外，各品牌的微信公众账号总数已经超过 800 万个，移动应用对接数量超过 85000 个，微信支付用户则达到了 4 亿左右。

案例：电商巨头阿里巴巴

阿里巴巴集团是 1999 年成立于杭州的电子商务交易平台，涵盖零售与批发贸易两大领域，旗下子公司包括阿里巴巴国际交易市场、淘宝网、天猫、聚划算、阿里云计算等。淘宝、天猫与聚划算，构成“中国零售平台”；阿里巴巴国际站和 1688.com，分别是全球与中国的批发贸易平台；速卖通是阿里旗下的国际零售平台。

根据阿里巴巴提供的数据，阿里巴巴 2013 年通过旗下淘宝网、天猫商城和聚划算组成的“中国零售平台”完成的交易额达到 15420 亿元。这一规模远超 eBay 和 Amazon，成为全球第一。2013 年，大约有 113 亿笔交易在阿里巴巴旗下的“中国零售平台”达成，共产生了 50 亿个包裹，占中国当年包裹总量的 54%。而 2013 年，Amazon 的交易额为 744.5 亿美元（约合 4600 亿元），eBay 的交易额为 2120 亿美元（约合 13000 亿元）。

美国时间 2014 年 9 月 19 日，阿里巴巴在纽交所挂牌交易，股票代码为 BABA。截至当天收盘，阿里巴巴股价暴涨 25.89 美元报 93.89 美元，较发行价 68 美元上涨 38.07%，市值达 2314.39 亿美元，超越 Facebook 成为仅次于谷歌的第二大互联网公司。借此，阿里巴巴执行主席马云的身家也一举突破 200 亿美元，超过王健林成为中国新首富。

案例：百度，不惧谷歌的搜索巨头

1999 年成立的百度，成立后的第四年在中国市场的占有率就超过了搜索巨头 Google，成为中国市场最大的搜索服务提供者。中国互联网络信息中心 2013 年 8 月发布的报告结果显示，在桌面和移动端，百度分别以 85.7%、89.1%的网民首选份额居于首位，遥遥领先于第二位的追赶者。

百度能在中国市场取得垄断地位，得益于其对中国消费者的把握和强大的技术实力。在产品方面，百度非常重视中国消费者的体验，搜索技术多是基于中文语义而设计，同时不断推出面向企业和普通用户的检索软件，如中文搜索竞价排名、IE 搜索伴侣、MP3 搜索服务、地区搜索、“贴吧”、“百度知道”等来提高用户的搜索体验。在技术方面，百度是中国互联网三大巨头中最重视技术研发的。根据其 2013 年财报，百度全年研发投入达人民币 41.07 亿元，占全年总营收的比例接近 13%。为满足移动互联网用户需求，百度相继推出了时效搜索、聚合搜索、WebApp 框计算、应用内搜索及情景搜索等功能。同时，百度已在硅谷设立了自己的深度学习实验室（全球仅有百度、IBM、Google、微软四家企业设立类似实验室），用以开发下一代搜索引擎，通过整合、使用大数据资源，依托深度学习、语义分析、数据挖掘等技术，打造图片搜索、语音搜索等更加智能的搜索服务。

案例：微博，新的信息传播者

2006 年，美国网站“Twitter”推出了最早的微博客服务，它允许用户用简短的文字发表状态、事件、观点，并可就别人的微博进行转发和评论。由于微博使得信息发布的门槛降低，任何人都可随时在网络上发布公开信息，不会有相关编辑进行审核；同时，微博的传播范围特别广，通过转发，一条信息可能被几十万甚至上百万的人看见或评论。因此，微博一出现就成为一个有别于传统媒体的新的信息传播方式。

随着 Twitter 的风靡，中国的微博客也悄然兴起，代表者为饭否、叽歪、嘀咕、做啥、腾讯滔滔等。2009 年，以部分门户网站强力加入为标志，中国微博开始进入蓬勃发展时期。2009 年 8 月，新浪推出微博产品后，中国微博领域开始大洗牌。自 8 月开放后，新浪微博用户数以每周 50%的速度增长。伴随着高铁追尾、微博打拐等多起新闻标志性事件的引爆，新浪微博开始作为一股重要媒体力量出现，人们开始在微博发布和获取信息。随后虽然受微信的挤压，微博的关注度有所下降，但到 2014 年 4 月在美国纳斯达克上市时，新浪微博在全球 190 个国家依然有 1.44 亿的月活跃用户和 28 亿的月发布总信息数，超过 8 万个政府机关开通了微博账户。新浪微博依然是中国最具影响力的社交平台之一。

四 可持续增长的巨大空间

互联网在中国发展已有多年，它丰富了生活，带动了消费，促进了生产，拉动了就业，从而直接促进了经济发展。中国巨大的经济体量、产业结构转型升级、经济体制改革都为互联网在中国的应用提供了巨大的发展空间。

国民经济发展为互联网发展提供应用空间。

经过多年的发展，中国已成为仅次于美国的全球第二大经济体，同时保持着每年 7%以上的经济增长速度。快速的经济增长带动着各行业快速增长，也为移动互联网在生产领域的应用提供了空间。

互联网已经降低了信息技术与工具的门槛，使信息和知识的获取更加平等而便捷，赋予个人和企业更大的商业能量与自由，从而改变人类社会的生产组织模式。而结合云计算、大数据、物联网、3G/4G 网络、人机交互、移动定位等技术的互联网更是使互联网从最初的工具和渠道跃升为战略性基础设施。随着互联网的广泛应用，信息的传播速度将进一步提高，信息的传播范围也将进一步扩大，决策的不确定性大大降低，从而可以增加有效劳动时间，整个社会的生产能力能够得到大幅度的提升。

现在，工厂生产线上已没有成排的产业工人，取而代之的是联网的智能机器人；如果某个机器人发生故障，管理人员无需逐一检查，系统会自动排查出问题所在；按照智能眼镜给出的指导，一个没有修理经验的人也可完成对机器的维修。产品生产完成之后，系统会自动联系物流公司实施配送；每辆配送卡车上都装有 GPS 芯片，管理人员可实时跟踪货物状态；货物运到商场上架之后，系统会向顾客的智能手机推送相关商品及折扣信息；顾客进入商场消费，可以利用室内定位技术快速找到所需商品，并扫描商品的二维码比较价格；顾客选好要买的商品之后无需去收银台排队，只需利用商场的移动应用扫描二维码并使用手机钱包移动支付货款后即可离开。离开之前，顾客还可以使用打车软件叫一辆出租车，这样当顾客走出商场时，出租车已在商场门前等待。

总之，互联网正以更快的速度向各个领域渗透，互联网将对人们的工作、学习、生活和各行各业的生产运营产生巨大的影响，对经济发展起到巨大的推动作用。

五 产业结构转型升级促进互联网与传统产业结合

中国虽然经济体量巨大且增长迅速，但中国经济中第二产业比重过大，并且经过近 20 年的发展，很多传统产业发展遇到了瓶颈，需要新的技术和商业模式来帮助其完成转型升级走出困境。

传统产业的商业模式以信息不对称为基础，这种信息不对称在企业发展初期有助于形成垄断，提高企业利润。但这种信息不对称也会形成企业的信息闭塞，消息传播速度慢等弊端，会阻碍企业的进一步发展。

互联网以云计算、大数据和物联网为基础，促进信息和数据广泛应用于电子商务、金融、公共服务、传媒和教育等领域，并进一步向制造业和供应链延伸，实现传统行业的转型升级，并催生新能源、新制造业、新农业等新产业。

案例：打车软件对传统出租车行业的改造

2014 年年初，背靠腾讯和阿里的滴滴打车和快的打车开始了"打车之战"，双方都通过大额补贴来培养用户习惯。公开资料显示，2014 年第一季度，快的打车日订单量超过 623 万，同比增长 20.7 倍；滴滴打车日均订单量 521.83 万，同比增长 14.9 倍。但在打车软件野蛮生长的同时，也附带产生了诸如司机拒载、行车时抢单、老年人打车困难等安全和社会问题。这引起了监管机构的关注，上海市交通运输和港口管理局在 2 月 26 日发布消息，禁止出租车在早晚高峰时段使用打车软件。

打车软件得以存在并发展的主要原因是出租车司机与乘客之间的信息不对称，由于现有出租车管理体制有弊端，存在打车难、难拉客的双向难题，乘客希望有所改变，而这一诉求被商业互联网公司利用移动互联网技术得以解决。

打车软件的原理其实很简单，就是利用手机的定位功能定位用户、出租车位置，用户通过智能手机通过输入起点、目的地、手机号三项信息，附近范围内安装同款打车应用的出租车司机可以接收到这一信息，并选择是否“接活”，随后手机导航就可引导司机找到用户完成交易。打车软件本质上是一种中介式的撮合服务。

显而易见，打车软件提供的这种服务是一种司机和乘客双赢的服务。对于司机而言，可以直观地知道离自己最近的乘客在哪，降低了空驶率；对于乘客而言，打车过程由传统的路边拦车升级为“等待外卖式接客”，缩短了等车时间与等车体验。

正是因为打车软件在提高运营效率、节省能源方面的价值。上海市交通运输和港口管理局在禁止早晚高峰时段使用打车软件的同时也表示：“打车软件改变了传统的出租汽车预约调度模式，提高了出租汽车运营效率。”目前，快的、滴滴两家打车软件公司正与强生、大众等传统出租车公司合作，希望通过技术手段完善产品。

六 深化改革释放更大的应用空间

桌面互联网以及移动互联网时代，依靠信息的无界限传播，传统建立在信息不对称基础上的商业模式受到极大冲击，例如淘宝、京东等用电子商务颠覆了传统的商业零售渠道；Google、百度等搜索引擎和网易、新浪等门户网站改变了人们的信息获取方式，颠覆了传统媒体。这一时期的互联网产业是中国最具活力的行业，诞生了如百度、阿里巴巴、腾讯、网易、盛大、携程等一批互联网巨头。

随着互联网产业的发展，资源逐渐向少数几家巨头集聚，原有的业务也逐渐饱和，竞争越来越激烈。越来越多的互联网企业开始将目光移向传统领域，试图利用互联网的技术和游戏规则改造医疗、教育、金融、物流等传统行业，而这也引起了传统产业的反击和监管机构的重视。从近两年“宝宝类”金融理财产品的热销，滴滴、快的两大打车软件的补贴大战以及随后的监管措施都可以看出，互联网企业、传统企业、监管机构的三方博弈将是未来一段时间的市场重点。但是深化改革带来的管制放松政策红利将为中国互联网的发展注入新的活力，有助于中国互联网企业和传统企业的进一步融合与发展，更加有助于整个互联网产业的发展。

案例：空域管理改革与之带来的市场机会

2014 年 3 月，新的《低空空域管理使用规定》开始实施，规定将新增 7 个低空开放试点区域，并明确到 2015 年年中实现中国范围内的低空开放。市场预测，低空空域一旦放开，将撬动起一个万亿元潜力的大市场，促进直升机、小型飞机、航空发动机等多个产业的发展。而无人机等设备的出现也将为人类带来更多全新的服务。

（1）无人机物流

现在，Amazon、UPS、DHL 以及中国的快递公司顺丰等公司均进行了无人机快递试验，打算使用无人飞行器来运送小型包裹。

以中国快递公司顺丰的无人机为例，该“无人机”采用八旋翼，下设载物区，飞行高度约 100 米，内置了导航系统，工作人员预先设置目的地和路线，“无人机”将自动到达目的地，误差在 2 米以内。

据业内人士介绍，在部分偏远地区，快件带来的收益难以抹平网点建设、维持所消耗的资金。采用“无人机”将有效提高配送效率，减少人力、运力成本。

（2）无人机提供的网络接入服务

根据国际电信联盟的统计，全世界大约三分之二的人口仍受到数字鸿沟的影响，约 45 亿人无法使用互联网。而在中国，截至 2014 年 12 月，网民规模达 6.49 亿，互联网普及率为 47.9%，这意味着仍有大量中国人无法享受网络服务，而这些人多是处在山区等不容易接入有线网络的地区。

而现在 Google、Facebook 等科技公司正打算利用无人机、低空卫星等技术手段实现无线网络的全球覆盖。2014 年 3 月，Facebook 收购了英国的太阳能无人机公司艾森塔。4 月，Google 收购了美国的太阳能无人机厂商泰坦航空。6 月，Google 宣布计划耗资 10 亿美元发射 180 颗小型高性能卫星，将覆盖世界上还未连接互联网的所有地区。

七 “互联网+”时代，中国必将超越

自从 1872 年以来，美国就取代英国成为全球最大的经济体。然而，随着中国经济的发展，许多经济学家认为，中国将在 2019 年取代美国成为全球第一大经济体。如果根据世界银行和 IMF 数据的推算，中国甚至将在今年赶超美国。

但是，经济总量就代表一个国家的核心竞争力了吗？中国取代美国成为全球第一大经济体就意味着中国是全球第一大强国了吗？

2014 年 6 月 9 日，中国国家主席习近平在中国科学院第十七次院士大会、中国工程院第十二次院士大会上的一段讲话似乎已经回答了这个问题：

“明代以后，由于封建统治者闭关锁国、夜郎自大，中国同世界科技发展潮流渐行渐远，屡次错失富民强国的历史机遇。鸦片战争之后，中国更是一次次被经济总量、人口规模、领土幅员远远不如自己的国家打败。历史告诉我们一个真理：一个国家是否强大不能单就经济总量大小而定，一

个民族是否强盛也不能单凭人口规模、领土幅员多寡而定。近代史上，我国落后挨打的根子之一就是科技落后。”

当今世界，互联网已成推动各国持续前进的核心驱动力，这一点全球政要均已达成普遍共识。中国移动、中国电信、中国联通等在内的电信运营商在3G/4G网络上的巨大投入以及对5G网络的前瞻性研发，中兴、华为、酷派、联想等在智能终端普及之路上的辛勤努力，百度、腾讯、阿里巴巴、360等在桌面互联网及互联网应用之路上的持续创新，一切的一切都有助于互联网在中国的井喷式爆炸式发展。而中国经济的可持续增长、产业结构的转型升级，以及深化改革所带来的制度红利，都必将促成互联网的中国超越。

04 Section “互联网+”不等同于“+互联网”

人类过去200年的经济史，实质上就是商业演化的历史。商业演化不仅为我们创造了物质形态的新产品、新技术，而且从根本上改变了人类的生产方式、生活方式、交往方式和价值观念。商业演化的历史又由企业和企业家的焦虑来创造，要想不焦虑，或者彻底完蛋退出江湖，或者主动进取紧紧拥抱“风口”。

互联网时代，信息爆炸式增长、病毒式扩散、跨界打劫，在互联网商业模式的冲击之下，传统企业不仅是焦虑，甚至有点恐慌，纷纷寻求所谓的“互联网转型”。各领域的企业家均患上焦虑症：万科董事局主席王石担忧“下一个倒台的就是万科”，小米科技董事长雷军坦言“我们压力很大”，新东方董事长俞敏洪强调“新东方要更换发展基因”……

完全的不确定性，只会恐慌；只有确定性之下的不确定性，才会导致焦虑。从产品创新、技术迭代、传播模式、人才结构、资本募集乃至组织体系，互联网的冲击是根本性的、观念性的以及系统性的。互联网是共性和基础，必须要用信息化的手段和互联网思维再造企业，这是确定的；但不确定的是，哪些实体经济需要互联网化，实体经济如何实现互联网化。

为了回答以上问题，消除实体经济企业家们的焦虑和恐慌。在 2015

年全国两会上，李克强总理在政府工作报告中提出要制定“互联网+”行动计划，推动移动互联网、云计算、大数据、物联网等与现代制造业结合，促进电子商务、工业互联网和互联网金融健康发展，引导互联网企业拓展国际市场。“互联网+”行动计划就是要推动互联网和实体经济的深度融合。

无疑，互联网正在成为中国经济转型升级的新引擎。但同样是互联网和实体经济的深度融合，为什么是“互联网+”而不是“+互联网”？

首先，尽管广义上而言，无论是“互联网+实体经济”，还是“实体经济+互联网”，都可以用“互联网+”来统称，最终目的都是促进全产业升级进而带动全社会升级；但“互联网+”与“+互联网”还是大有不同的：从语法上看，两者的区别在于前者互联网是主语，后者互联网是宾语，主语代表主体，而宾语则是动作行为的对象。这其中既有基因的不同，也有主导权的差别。“互联网+”突出的是互联网对实体经济的改造，助力实体经济从而带来创新和升级。而“+互联网”则指的是实体经济使用互联网工具和平台，要么是生成一个新应用，要么是构建一个新渠道，互联网在生产要素配置中的优化和集成作用并没有得到充分发挥，不会带来本质性的创新和变革。

事实上，有关“互联网+”还是“+互联网”的讨论早已展开。几年前，当互联网和金融行业撞出火花，手机支付应用开始兴起，余额宝、百度理财等“宝宝类”产品开始出现，业界就对究竟是“互联网+金融”还是“金融+互联网”展开了讨论。有观点认为，互联网和金融行业的融合，应该定义为“互联网金融”，互联网将推动金融业务创新，为整个金融行业带来变革；另一部分观点则认为，金融行业具有一定的特殊性，考虑到监管和安全，应该定义为“金融互联网”，互联网仅仅只是金融业务开展的工具和新渠道。

时至今日，这种讨论已经逐渐停止。就目前来看，“互联网+”处于攻势，而“+互联网”处于守势。实体经济探求互联网转型的速度慢得不止一点半点，无论是技术、人才，还是体制及运营管理都与互联网企业有很大的区别，尤其是实体经济的体制问题是根深蒂固的，是很难通过简单的架构调整就能改变的。反观通过互联网模式来倒逼实体经济的模式，迫使实体经济转型，这个方针与路线落实后的结果要比企业自身的探索要快很多。比如“互联网+理财”的余额宝，胜于“理财+互联网”的银行在线理财产品；“互联网+零售”的阿里、京东，要胜于“零售+互联网”的国美苏宁网上商城；“互联网+电视”的乐视，胜于“电视+互联网”的海尔电商。

换句话说，“互联网+”的“+”其位置表明了引领中国社会创新驱动的火车头就是互联网，实体经济则是车厢。这一点从国家发改委对“互联网+”的官方定义中也可得到了鲜明的印证：“互联网+”代表一种新的经济形态，即充分发挥互联网在生产要素配置中的优化和集成作用，将互联网的创新成果深度融合于经济社会各领域之中，提高实体经济的创新力和生产力。

其次，“互联网+”的“+”带来的也绝不仅仅只是生产力的提升，它还将带来生产关系的重构。

马克思主义理论认为，历史上一些重大而又关键的生产力飞跃往往会导致生产关系的大幅度甚至根本性调整。毫无疑问，从促进生产力要素重新配置、产业结构升级，推动生产关系围绕市场、资本、新技术大幅度调整，以及实现国民经济、社会发展的历史转型等意义上讲，互联网就是这样一种生产力。互联网已经成为中国经济改革、社会发展的新动力，下一步，互联网将推动制度变革，生产力的发展必将推动生产关系进行调整。

从全球范围来看，这种重构正在活生生地上演。在出租车领域，Uber以及它的“中国门徒”滴滴、快的在大幅提升生产力的同时也在渐渐重构生产关系，换句话说，它们正在重新定义“出租车”、“出租车司机”。同样的变革也正在住宿领域、医疗领域发生，Airbnb 正在重新定义“旅馆”、“旅馆服务员”，Heal、Pager 和 Medicast 则正在试图重新定义“医患关系”，由此甚至彻底颠覆传统意义上的医院。

因此，未来“互联网+”给实体经济带来的绝不仅仅是生产力的提升，它还将带来生产关系的重构，这也意味着实体经济将迎来“正资产变负资产”的阵痛，但这何尝又不是一次升级转型的重大机遇？

最后，“+”本身还代表着无中生有的供给以及莫名其妙的消费。

如果以“结果导向”来度量一家实体经济企业的“互联网+”的成效，那么其关键考察指标在于其拥抱互联网之后在供给与需求两端有无产生重构式的增量。如果只是物理叠加改善存量，只能称之为“+互联网”；如果产生化学反应创造增量才是“互联网+”。某种意义上讲，“+互联网”的价值是利用互联网打破原有领域的信息不对称，从而实现效率重构。而“互联网+”的价值在于互联网与实体经济深度融合从而实现供需重构，供给端将原本的闲散资源充分利用从而产生“无中生有”的供给，需求端则创造了原本不存在的消费场景从而产生“莫名其妙”的需求，最典型的案例就是 Uber 已经成为硅谷白领人士的新型深度社交平台。

无中生有的供给以及莫名其妙的消费，无疑是“互联网+”的奥秘与真谛之一，而这一点在投资与出口“两架马车”双双失灵的当下中国，似乎也显得尤为重要。

参考文献

[1] 李易．移动的量[M]．北京：电子工业出版社，2014．

[2] 李易．互联网+[M]．北京：电子工业出版社，2015．

第 2 章
Chapter 2

现有的汽车业体系

01 Section 马车与汽车的交替

未来汽车将成为人们继家和办公室之后的第三空间，承载着人类终极移动空间的使命，在人类的生活中可谓举足轻重，那么汽车究竟如何一步一步成为人们赖以生存的重要工具呢？让我们先来回顾下汽车产业 100 多年的发展史。

一 机器驱动时代的来临

你是否向往中世纪小说中贵族乘坐奢侈的马车，雍容华贵地穿梭在各种宴会中？曾几何时，马车代表了贵族身份与财产富有，在现代汽车起源之前，马车曾一度占据了人类公路交通的主流，无论是城内还是城际运输，马车都是人们出行的必备工具，而之后，一个叫卡尔·奔驰的人却将马匹统统赶出了城市道路，开启了现代汽车文明。

据相关文献记载，最早的马车诞生于公元前 2500 年，其发明者为苏美尔人，但是人类的第一架马车并不是用于公路运输，而是用于古代战争。到了 1770 年，一个法国人，尼古拉斯古诺博士突发奇想，将蒸汽机安装到了一辆小型钢板车上，由蒸汽机带动驱动轮，实现了钢板车靠机械力前进的特点，由于这个发明，人们开始有了以机器替代自然力驱动汽车的想法，由此拉开了机器动力汽车的时代。

但是，公认的现代汽车的起源却是 1885 年，德国著名工程师，也就是之后被称作“世界汽车之父”的卡尔·奔驰在德国曼海姆发明了第一代三轮汽车（见图 2.1）。然而，作为现代汽油驱动汽车的原型，该车仍然存在许多缺点，导致之后短时间内没有得到市场的关注，甚至社会上出现了讥讽的舆论。

图 2.1　第一辆汽车

（图片来源：卡尔· 本茨“奔驰一号”三轮车）

其主要的缺点包括，发动机噪声大，由于发动机的裸露设计以及发动机安装位置距离驾驶员较近，加上当时市场上没有出现发动机减噪设备，其噪声的响度甚至超过了现代卡车，所以每当一辆奔驰牌汽车经过时，周围居民都会误以为是一辆“公路上的火车”经过，人们也戏称其为“怪物”。另外，其拙劣的性能与构造也是人们诟病的主要方面之一，由于传递动力的链条质量不过关，生产时强度不够，常常发生断裂，所以在公路上，人们大多时候看到的人推车，而不是车载人。

二　奔驰公司的起步

但在三年后的1888年，奔驰车却迎来了市场的转机，不仅在口碑与销量上都大幅提升，但这次转机却不是由卡尔·奔驰本人引领的，而是由其夫人贝尔塔与两个儿子共同完成的。

1888年8月，奔驰夫人带着两个儿子驾驶经过卡尔·奔驰反复改良的汽车从曼海姆出发，途径多个城市，最终抵达普福尔次海姆，全程接近150公里，将奔驰车的稳定与性能充分展示给了世人，彻底打消了市场上的负面评论。这辆车之后也被成为“奔驰1号”，而奔驰夫人也成为了历史上第一个女性汽车驾驶员，这辆具有重大历史意义的三轮汽车，也被之后的奔驰汽车博物馆收藏。

通过这件事情，人们对卡尔·奔驰所研制的汽车才逐渐开始有了信心，此后，卡尔·奔驰的事业进入了蓬勃发展的时期，奔驰也拥有了德国最大的汽车制造厂。

与此同时，德国的另一位著名工程师戴姆勒，在1885年也开始了自己的汽车生涯，他在1885年发明了第一台两轮摩托车，之后还与另一位汽车行业先驱人物迈巴赫一同发明了内燃机，并在1887年发明了第一辆四轮汽车，并成立了戴姆勒汽车公司，被称为“现代汽车鼻祖”或“摩托车之父”。1926年，两大德国汽车巨擘进行了合并，而这个日后叱咤风云的汽车巨头也在汽车伟大发明者卡尔·奔驰的见证下开始了这个极具历史意义的时刻，而我们现在所说的奔驰汽车公司便是最初由这两家汽车公司，奔驰与戴姆勒共同创立的。

三　汽车业的崛起

研究汽车发展史的人有这么一个共识："汽车诞生于德国，成长于法国，成熟于美国，兴旺于欧洲，挑战于日本。"这正是汽车业崛起过程的缩影。

德国人发明了汽车，而促进汽车最初发展的却是法国人。19 世纪，法国政府为了军事需要修建了公路网，为汽车工业创造了良好的发展条件。到了 20 世纪初，法国有汽车厂 350 家，年产量达 17000 辆。

然而之后的美国汽车业迅速崛起。1908 年，福特汽车推出了著名的 T 型车，这种售价不足 500 美元，一个普通的当地工人用一年的工资就可以负担。1913 年，福特公司在生产中使用流水线装配汽车，这给汽车工业带来革命性变化，此时装配一辆汽车的时间已经大大缩短了。

此时，作为汽车鼻祖的欧洲人开始酝酿夺回汽车霸权。针对美国车型单一、体积庞大、油耗高等弱点，欧洲开发了多姿多彩的新型车以适应不同需求。到 1966 年，欧洲汽车产量突破 1000 万辆，比 1955 年产量增长 5 倍，年均增长率为 10.6%，超过北美汽车产量，成为世界第二个汽车工业发展中心，于是世界汽车工业又由美国转回欧洲。

在世界另一端的日本则给汽车生产带来了新理念，丰田模式以"精益思想"为根基，以寻求"消除一切浪费，力争尽善尽美"为最佳境界的新的生产经营体系。以"及时生产"（Just in Time，JIT）即不断地降低成本、无废品、零库存和无止境的产品更新为追求目标。丰田由此成为了汽车高效生产与成本控制的代名词。

02 Section 130年后汽车业发展设想

汽车业已经前后经历超过130年，在这130多年中汽车产业的深度与广度已经达到了令人惊讶的程度，以下我们从产业链，市场结构与参与者来初步介绍汽车业的现状。

一 庞大的汽车产业链

看着自己车库内的爱车，你知道一台车背后有多大的产业链吗，高度概括来说，从原材料到汽车部件，再到汽车装配整车厂，再到经销商，甚至现在到汽车售后服务商及运营商，每一个产业链环节都足以组成一个小型帝国，错综复杂，规模庞大。

如果要将整个汽车产业的产业链描述清楚，那远不是本书所能承担的任务，试想一下，光总成级别的零部件有几百个，分得再细点，几万个也不为多，每一个零部件其实都可以成为一个独立的产业链。特别是发动机与变速箱，这两个汽车的核心部件，其背后的原料，装配与设计，再到之后的销售，维修，就足以让一个汽车专家解释上半天，而这个仅仅是一辆普通汽车的一个部分而已。

更加令人惊奇的是，汽车产业链深度仍然由于各种科技以及集团扩张在不断延伸，例如在车载车联领域，许多整车厂开始不同程度地进入车载系统与车联网领域，例如前段时间，上汽与阿里巴巴就互联网汽车签订了战略合作协议，准备彼此共同开发未来的互联网智能汽车；与之相似，不少整车厂也开始不同程度地涉足汽车装备制造之外的市场。汽车租赁、汽车共享，新一轮的跑马圈地开始了。

再来看看售后市场，虽然售后市场（如保养，维修，二手车等），以中国为例，其现在的市场规模可能不及整车销售市场，但这一部分产业链的成长性及潜在的盈利能力确实不可小觑，吸引着业内外人的眼球。

二 产业链的瓜分

如果看了汽车产业链的介绍，你已经认为其构成稍有复杂了，那么汽车市场的结构一定会让你有回归到大学学习微积分的感觉，千头万绪。汽车市场的结构分析维度可以是千变万化的，我们不妨比较明晰地从供应商与整车厂的集中度，市场上产品的结构与进入壁垒来分析。

目前整个世界汽车市场发展已经到了逐渐进入到寡头竞争的地步，看似市场上的品牌众多，但不难发现，不少品牌其实都早已抱团或依附于某个大型集团之下，例如众所周知的保时捷、兰博基尼超级跑车，其实都是大众集团旗下的子品牌，再如通用旗下就有超过 10 个子品牌，如此可见，如今的汽车市场已经进入巨头竞争的阶段了，各个集团都纷纷通过收购兼并扩大规模经济效应。所以，在中国由于体制机制所造成的 100 多家整车企业的现象一定也会随之改变，能存活下来的，只有十之一二或者更少。

零部件的情况要复杂得多，应该说有集中也有分散。说到核心技术，越来越集中于一些巨头；但由于零部件本身的特点，小而美的隐形冠军也大有人在。如果认同汽车行业不是简单复制家电、信息产品制造业的发展，那未来这种情况还将长期保持。

说完厂商，再来看看更贴近我们的各色各样的汽车产品，如果你生活在大城市中，只需要出门在车流高峰时在路边伫立几秒钟，就会发现有多种不同车型从你面前经过，小到两厢的掀背车，大到宽敞舒适的全尺寸SUV；从目标是大众市场的廉价车型，再到回头率极高的豪华跑车，市场为不同客户的需求提供了不同的选择车型，其丰富程度不亚于一家快餐店的食物选择。更为可怕的是，这个市场还在不断迎合着客户的口味，按照不同的季节，在更新着菜单（见图 2.2）。

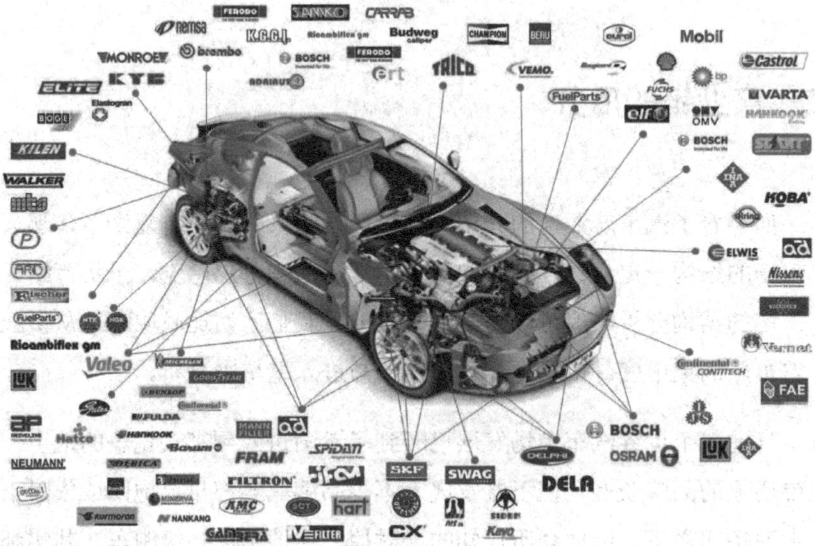

图 2.2 汽车后市场厂家

（图片来源：汽车后市场厂家）

在整个汽车市场上，整车厂的地位仍旧不可撼动。从零部件的采购到对下游经销商集团的控制，由于整车厂掌握了汽车装配的核心技术，而且相比于其他上下游企业规模更庞大，所以其目前收割了整条产业链较大的利润分成，拥有举足轻重的地位。但是，这个领导性的地位，不断被上下游或者业外的力量挑战着，是否会被颠覆很难说，但是向歌利亚进攻的大卫已经伸出自己的小拳头了……

三　汽车大国群雄并起

山姆大叔开始批量生产汽车之后，汽车工业开始登上历史舞台。此后汽车工业的发展历经了几个阶段，其霸主地位也是三易其主，形成现在“美、欧、日”三足鼎立的格局。可惜这个“三足鼎”却不一定能够站得那么稳，要随时准备接受新技术、新发展甚至新市场的拨动、冲击。

汽车业霸主地位第三次转移到日本之后，世界汽车业基本形成了美、欧、日三足鼎立的局面。进入 21 世纪前，三极在汽车生产方面所占比例不断趋同。

主流的汽车集团，如欧洲大众、戴姆勒、宝马，美国的通用、克莱斯勒、福特，日本的丰田、日产等，这些行业巨头垄断了市场绝大部分的市场份额，如今无论是大城市还是偏远地区道路上行驶的车辆，基本都出自这几个国际性厂商。

那么，中国呢、印度呢，那些金砖国家的企业呢。比如，中国有没有可能成为新的世界汽车产业巨头？从历史辩证角度说甚至是三强的形成来看，汽车业没有永恒的霸主：技术是一道坚固关卡，市场机遇是一盏指路明灯。若说是汽车行业大国，中国已经是了（从新车产销而言）；但是否是汽车工业强国，似乎有点底气不足，因为依附于国外技术，拿来主义的习气过于根深蒂固了。

四　汽车业的本质

现代的汽车逐渐发展成为某种地位的象征或是一种全新的娱乐设备，一辆豪华轿车例如劳斯莱斯象征着金钱与品位，而一辆金黄色的兰博基尼则代表了富有与激情，这些车已经不仅仅是传统意义上的代步工具了，已经成为了某种象征，并且随着车内娱乐设施的不断升级，汽车的娱乐性也得到了充分地发挥。

然而汽车的本质却始终无法改变，即满足人类舒适的出行需求，其原始使命便是将乘客从一地送往另一地，而汽车业的本质相对来说就是生产制造这种代步工具的厂商，来满足人们出行的需求。

随着时代的发展，人们对舒适出行的定义也变得越来越具体，而且对舒适性要求也越来越高，同时也为舒适增加了许多其他定义，例如便捷、娱乐等。如今汽车虽然已经不仅仅是人们日常代步的工具，但其本质却始终没变，即提供人类舒适的出行需求，只是人们对于舒适的理解随着时代发展越来越不同了。

03 Section 生产制造

近年来，全球的乘用车销量基本稳定在超过 7000 万辆，商用车则超过 2000 万辆，不少统计人员可能仅会惊讶于人类对于四轮汽车的热爱，但如此庞大的销量背后如果没有强大的生产能力做保证，恐怕汽车 4S 店外面的排队将超越银行了。

经过了一个多世纪的发展，汽车生产已经具有高效稳定的生产线，高效的汽车生产线可以做到每 2～3 分钟产出一辆整车，最快可以达到每分钟都有一台整车下线，并且大部分由流水线完成，确保了汽车装配的质量。

一　复杂还是高效？或者利用高效处理复杂

如今大规模的汽车生产厂房动则占地几十万平方米，厂内建有不同功能的生产装配区间，经过这些不同功能的区间，放在厂内的一堆堆钢板以及各式汽车零部件便可以加工制造组装成为精美的整车。

一辆整车涉及上万个零部件，人们往往以为汽车装配同样需要数十个步骤，毕竟许多人连修车都应付不了，他们肯定以为造车是世界上最复杂的事情之一了，其实如今的整车生产线已经实现了高度自动化，并且通过不断精简将生产流程缩减成了 5 个：冲压、焊接、涂料、总装与检测（见图 2.3）。

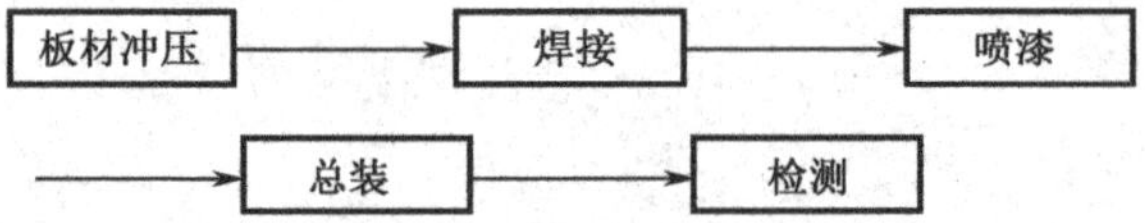

图 2.3　整车生产线

首先是板材冲压，板材冲压的是将一个个剪切成块的钢板经过冲压机进行冲压，如同利用模具将橡皮泥压成既定的形状一般，冲压的目的是通过压力，将钢板压成适合汽车的各种形状。

冲压部件制作完成后便是将这些部件进行焊接，焊接对于汽车而言十分重要，因为硬度再高的金属板材如果没有一个牢固的连接点作为连接，其安全性将无法被保证，焊接是先给冲压好的车身板件局部加热或整体同时加热，在汽车车身制造中应用最广的是点焊，操作时 2 个电极向 2 块钢板加压使之贴合，并同时使贴合点通电流加热熔化从而牢固接合。

确保焊接准确之后，汽车就到了对工人来说相对轻松的车间了，那就是将汽车从钢板原始的银色变成各种花哨的颜色，当然涂料的作用并不只是外观上美化车身，还有汽车防锈的功能。

总装十分关键，把组成汽车的上千个零部件结合在一起，其困难体现在两个方面，第一是零部件的数量庞大，如果你曾经在汽车抛锚时打开汽车引擎盖一探究竟，那么肯定见识过发动机以及其周围配置的各种导管以及连接线，这些部件都是按照特定的方式互相连接并且排放在固定位置，而引擎部分只是浮在冰上上的一角（特别是现在，为了防尘和美观，引擎上总是覆盖着防尘罩，显得非常简洁），汽车底盘中还有支撑整车车身的大梁，传动轴以及悬架等部件，每一个都是经过精确装配以及反复测试的；总装还要求汽车各个零部件之间的完美结合，零部件之间的距离都是经过精确设计，在保证零部件之间的连接稳定性之外，还要保持零部件之间的灵活性。

由于总装步骤的复杂性，通常总装也可以继续被拆分成几个小阶段，简单来说，就是将一些零碎的小零件组装成具有功能的几个大部件，再将大部件合成为一辆整车，例如将悬挂，车轴等在单独的车间内组装成底盘，再将底盘安装在车上（见图 2.4）。国外将车身与底盘的结合被称作 Marriage（结婚）——多么形象的比喻。

图 2.4　汽车生产

（图片来源：M-TEK BUILDS HQ IN MURFREESBORO）

经过以上几个步骤，整车就完成了从原始板材与零部件到拥有每小时一百多甚至几百公里的公路机器，然而为了使这台机器能够成为人类依仗的出行伙伴，必要的检测是必不可少的，不合格的汽车就要进行退回改造了。

虽然以上步骤看起来十分繁琐，但现代的装配线技术却已经能够保证每隔几分钟就有一辆整车下线，同时保证了极高的合格率。

04 Section 营销

现代汽车营销体系渠道的基础架构，随着经济全球化和信息网络技术的兴起，传统的汽车营销体系最终被推到了工业时代与新经济的十字路口。因此，实际上我们今天在此讨论的内容，传统汽车行业的销售业务，其体系的转型正是当下汽车业界共同的课题。

一 革命春风吹几度

进入2000年，中国汽车销售领域各主要厂商不约而同地掀起了一轮营销革命。革命的结果是，在"品牌专营""三位或四位一体功能"等各种销售理念的影响下，各家专营店、特许经销商、授权销售服务店或中心等开始大规模占领中国市场的大江南北，风头直扫日渐衰微的销售旧体系。

除了产业链、价值链，谈及销售不得不说的就是"渠道"了。传统体系中，渠道是产品向市场延伸的生命线。市场很早便进入了渠道为王的时代，之后国外汽车经营的实践以及国内流通体系的蜕变，又反映出了渠道经营存在反馈功能失调或空缺的问题，容易导致顾客信息流的"断裂"。所以我们会看到消费者投诉经营者甚至诉诸法庭，汽车公司质量报警导致车辆“召回”的现象频频发生。

因此，清除营销体系中存在的服务“死角”，变产品主导型为以顾客为中心，提供增值服务从而构筑渠道新优势，是赢得客户、保持业绩的关键。

然而在新兴市场，随着网络时代的开启，网络经济活动对传统汽车销售的冲击最大的是网络营销部分。通过电子商务提供的模块化服务、网络渠道在满足顾客需求与欲望、降低商业成本、减少交易环节和便利沟通方面有着传统营销渠道无可比拟的优势。优势大，阻力也大：第一，汽车业传统的组织运作方式速度慢，而电子商务追求速度优先的竞争法则，“早起的鸟儿才有虫吃”；第二，大的汽车公司业务周期大多以年度为单位循环，电子商务却在三个月以内递进式循环；第三，互联网倚重的企业文化与传统企业文化大不相同，互联网汽车行业需要更多的创新激励和快速反应。因此，传统汽车产业正面临销售领域的二次创业。

二　“四个中心”的市场基本点

零售商、经销商到厂商的框架，是目前中国 100 多家大小汽车整车生产企业基本维持的营销框架。这种框架是根据中国汽车销售市场的结构设计的。

目前，中国存在几个以汽车整车生产企业为中心辐射形成的区域性汽车市场：一汽集团形成了东北汽车市场，上汽集团形成了华东汽车市场，东汽集团形成了华中汽车市场，天汽、北汽为中心形成了华北汽车市场。各企业集团的产品和销售服务中心、网店以及提供维修服务的零配件商店、汽车修理厂相互渗透，形成做了整车销售、零配件供应、售后服务、信息反馈四位（4S）一体结构。其余都是分散的功能单一的汽车市场结构。汽车销售市场正随着兼并重组和强强联合的发展得到重新治理和整合。

三 不离"S"的销售模式

中国汽车销售市场目前是世界第一大市场，汽车经销商也从单店小规模经营向大规模的汽车经销商集团转变。中国主要的汽车经销商销售模式主要有三种：特许经营的汽车专卖店、汽车交易市场和汽车连锁经营店。

特许经营汽车专营店有相对制度化和完善的服务。主要由 3S 店和 4S 店组成（见图 2.5）。S 来自整车销售、零配件、售后服务以及信息反馈的英文单词：Sale、Sparepart、Service 和 Survey。中国的汽车销售 4S 店是 1999 年由欧洲引入的。

图 2.5 汽车 4S 店

（图片来源：美国汽车市场）

汽车 4S 店这种熟知的销售模式，是当前中国汽车销售行业的主要经营模式。4S 店能借助汽车生产商和汽车产品的品牌效应来实现有效的市场拓展，获得消费者对品牌的忠诚度和信任，同时专营一种品牌能够做到力量集中，提高经营效果——当然也会导致风险的集中，可谓利弊共存。但随着汽车销量的大增，整个汽车销售行业的整车销售业务的竞争越发的激烈，销售毛利在步步降低，部分竞争激烈的崎岖经销商为了消化库存、降低资金占用的压力，甚至以负毛利的价格对外销售。因此 4S 店更多地依靠维修服务、汽车精品销售、保险业务等产生的利润来支持店面的运营。

如上文所述，汽车连锁经营通过连锁店的形式来强化品牌，实现一个经销商的多品牌、多元化和集团化的连锁经营和连锁销售。优势主要在于其庞大的汽车销售网络，经销商如果拥有足够的经济实力，可以同时进行若干个品牌的专卖店申请。这样可以有效规避投资单一品牌的风险。

汽车交易市场就是汽车有形的交易市场，一般由汽车专卖店和汽车普通经销商构建而成。一些相对大型的汽车交易市场还能够结合交通、车管、银行和保险部门集中进行手续办理，大大便利了汽车消费者。当然，现有大多数汽车交易市场相对缺乏秩序、不规范。

另外，为了应对全球汽车业发展带来的对经销行业的功能升级，一种叫做“4S 店集群”的销售模式出现了。这种“4S 店集群”，就是凭借多品牌经营的形态，把各品牌的 4 个 S 分开，再把每个同样的 S 合并进行统一管理。

新建的一些汽车 4S 店在地域上自然聚集，就是一种“4S 店集群”的建立模式。其他还有一些规模较大的汽车销售企业自行组建的汽车 4S 店集群，通过专业化、网格化、一体化的运作模式，实现“1+1>2 的市场竞争优势，1+1<2 的低成本运营模式”。还可以由汽车生产企业牵头组建，可以看个奇瑞集团的例子，原来的奇瑞 4S 店只能经销其单一系列的产品，从 2005 年开始，奇瑞让部分经销商率先建立起 4S 店集群“奇瑞汽车城”，提供全套的汽车售前、售中、售后服务和车友俱乐部、客户休息中心等，保险公司、车管所的分支机构也进驻在内了。

四 营销难题

现有汽车模式信息复杂，主要体现在汽车产业链的每一个环节似乎都在蓬勃发展，已经有并不断制造出说不完的故事。然而这并不是一件值得称赞的事情，在上游企业和下游企业的对接过程中，复杂的信息很容易造成信息不对称，各方掌握的信息不对等。这不仅影响了整个汽车业协同发展，严重时还会导致“市场失灵”情况的发生。

而在汽车市场上的各项手续之烦琐，从某种意义来说，就是复杂的信息带来的后果。想必有过买车经历的读者都有切身感受，车辆购置这件看似简单的事情，牵涉的可远不止买卖双方。在二手车交易市场，越来越多的车主有卖车的需求，而当其面对烦琐的手续、事务办理时，可谓不堪其扰。对于贷款买车，很多人听说之后便感觉自己已经被汽车信贷拒在门外。

在上海：想上牌不一定有钱拍，有钱拍不一定拍到牌，在上海有人调侃，私家车上牌的“门槛”比外地女婿娶亲的门槛还要高。上海私家车牌照费一度达到 10 万元，创全国之最。上海不仅“拍牌”要出高价，另外每辆车每月还必须缴纳贷款道路建设通行费，再加上 10%的汽车购置附加费以及每月的养路费及其他各种费用。还没来得及感慨开车的油价太贵，光是买车这道门槛就绊倒了许多个人消费者。

五 “互联网+”的 O2O 营销

“万能的淘宝”已经成了许多年轻人的口头禅了，但前不久，淘宝开始卖车这一消息还是让许多人有点惊讶，许多整车厂也开始在这个中国最大的电商里设立自己的旗舰店，但类似淘宝一样的电商如果要取代传统的线下模式，还需要一点时间。

网站专业测评与陌生人评论能不能超越朋友发自肺腑的经验之谈？线上厂商的 O2O 战略的成功取决于能不能左右客户对于后市场的选择，简单来说，如果电商成了顾客选择售后网点的主要途径，即许多汽车后市场店铺需要"巴结"电商的平台来做品牌的推广与产品推销，那么电商的地位一定就上去了。抓住了消费者，之后的盈利与市场扩张自然也就变得简单了。图 2.6 给出了特斯拉 O2O 平台。

图 2.6　特斯拉 O2O 平台

（图片来源：特斯拉[tesla]汽车）

令许多电商感到开心的是，陌生人的网站评论影响力渐渐超过了朋友间的意见，当问及消费者如何获取汽车信息以及购车前影响他们决定的渠道方面的信息时，汽车门户网站以及测评文章已经成了许多人重要的考虑因素与信息来源，毕竟在做出购车这样的行为时，网站确实是一个能够提供客观与中肯意见的地方，避免了一些朋友对某种汽车产品的"过度热爱"。

05 Section 维修与保养

一 维修

在中国，每年有超过 20 余万的重大交通事故发生，汽车维修市场的规模也达到了近 5000 亿元。按汽车维修的功能需求不同，汽车维修可以像医院一样分为“内科”与“外科”，汽车钣金与喷漆显然属于“外科”，而机修则属于“内科”。

1 外科

人们对汽车外观的第一印象便是来自车身，车身同样也是整个汽车最直接与外界接触的部分，所以每当车祸发生，车身绝大情况下会出现形变之类的损伤，然而不像人体，汽车显然无法进行自我修护，于是汽车钣金技术就派上了大用场。

汽车钣金绝不是一般认为的将损坏变形的车身利用捶打工具进行反向击打恢复原形那么简单，如今的汽车钣金技术已经由原始的“砸拉焊补”发展成为车身二次制造装配，即技术人员需要通过一系列的维修机器先对汽车车身进行检测，然后利用专业的科技设备进行复原，再利用高科技的测量仪器确保汽车已经恢复最佳状态。

相比于钣金维修，汽车喷漆相对来说涉及的内容较少，并且对技术的要求也不高，一般汽车的维修用漆不会是原厂油漆，只是其颜色差别人们用肉眼分辨不出罢了。有时为了减少与原来油漆的颜色差别，专修店或者 4S 店会为了一个小刮痕而对一个较大的区域都进行重新喷漆来达到最优的效果。

2 内科

汽车机修则更加关心车辆的“内在”，汽车的机修虽然项目不大，但其种类繁多却是出了名的，一般的汽车机修分为动力总成的维修（发动机、变速箱等）以及汽车底盘的维修（悬挂、传动、转动等），如图 2.7 所示。

汽车维修的首要步骤是诊断，这也是汽车机修中最为重要的一个环节，只有做好了准确的问题诊断后，后续的技工才可以对症下药，高效准确地解决汽车内部的性能问题。

在汽车机修流程结束后，汽车技工往往会进行反复的检测来保证汽车的问题得到了解决，由于汽车机修结果通常无法由一个标准的数据进行量化，所以检测一般通过技工本身对汽车性能的把握，其难度相比于汽车钣金与喷漆也较大。

图 2.7 汽车维修

（图片来源：汽车修理站）

二 保养

随着汽车企业的灌输和产品知识的成熟，人们对传统的用车修车更加重视。现在人们对保养有多关注，单从市场上主流的保养品数量、功能与价格上就能看出来，人们对保养品的关注也逐渐衍生到了汽车的保养上，如今的汽车后市场内，保养成了必不可少的业务之一，不仅用户相应的保养要求不断增加，市面上各种形式的保养店铺以及保养项目也相继推出，为各种车型与用户提供量身定做的服务，如同各种人体保养品一样，汽车保养也开始提出了季节性要求。

保养的根本目的是由于汽车的长期使用中零部件难免出现磨损与松动，为了预防或减少这些磨损对汽车造成性能上的影响，需要定期对汽车的这些零件以及零件链接处进行养护，以确保汽车的安全与舒适性。

1 保养中大与小的区别

一般的保养项目包括大保养与小保养，两者都是对车辆定期的维护，大保养相比于小保养无论从时间、项目内容以及成本上都高出不少。大保养间隔一般为 20000 千米，而小保养则为 5000 千米。

小保养一般是半强制的，厂家会为用户规定保养间隔（里程或是时间），小保养的项目一般较少，而且时间较短，例如替换润滑油、机油滤芯机、发动机清洁等，大保养与之相比涵盖更加多的项目，保养时除会进行之前小保养时进行过的所有更换及检查之外，还会特别对汽油滤清器进行更换。还有刹车油更换、火花塞更换及特殊工具检测、空气滤清器更换、水箱水更换及压力测试、节气门清洁、更换节温器、更换冷气系统的冷冻油、喷油系统清洁、进气系统清洁等。

2 汽车保养也分“春夏秋冬”

保养分季节的概念已经不再稀奇，同样汽车保养的季节性产品与宣传自然也变得顺理成章了，为了更好地让汽车在不同季节都有优越表现，汽车保养提出了保养“春夏秋冬”的概念。

春季主要的保养主题是防雨与清洁，由于春季雨水较多，易对汽车的漆面造成损害，因此，需要为漆面及时上蜡，清洁主要是针对春季细菌容易滋生的特点，在驾驶室内进行一次“杀毒”过程。夏季的保养自然就是耐高温了，耐高温主要是出于安全与节能考虑，保养侧重于定期检查胎压，更换润滑油以及定期检查线路老化问题。秋天的保养项目一般比较少，主要是对夏天高频使用部件的替换与检测。冬季无疑是汽车保养的忙季，冬季对于汽车的伤害相比于其他的三个季节要高出一个等级，冬季保养的范围与程度自然也要有所提升了。冬季保养的重中之重是防冻液与发动机机油，由于室外的温度大部分时间低于冰点，所以要保证车内的机油依旧保持良好的流动性，否则汽车的发动机磨损将会十分严重。

06 Section 二手车买卖

二手车意为“使用过的车”，在中国也称为“旧机动车”。“中古车”是日本的叫法。北美是二手车最发达的市场，因为平民百姓购买旧车时不一定就能买到“第二”手的，而且大多是小轿车和家用吉普车，所以，在美国，有二手车经营者为了更好地卖出二手车，改变消费者对二手车质量差的看法，给二手车定义为“曾经被拥有过的车”。

一 什么是二手车置换

所谓二手车置换，就是不同于以往的二手车市场内经济公司单纯的买卖业务，而是消费者用二手车的残余价值折抵一部分新车的车款，从品牌4S店处购买新车的业务。由于4S店具备良好的信誉，能够给进行置换业务的消费者带来信任感和更加透明、安全、便利的服务，所以现在越来越多的想换新车的消费者都会选择这项业务。

二 二手车市场相对新车市场优势

发达国家二手车市场交易量大，已经形成规模效应（见图 2.8）。德国、日本、美国等国家二手车交易量均远远超过新车的交易量，一般均比新车高出 1 倍以上。据不完全统计，日本二手车年销量已连续多年超过其新车的销量，德国和美国二手车年销量已是其新车销量的 2 倍和 2.5 倍，英国则达到了 3.5 倍。意大利波查诺市人口 45 万，汽车拥有量为 12 万辆，汽车销售量每年在 1.2 万～1.8 万辆，据当地最大的汽车经销商介绍，二手车市场比新车活跃，交易量超过新车的 30%。有关资料表明，西方成熟的汽车市场上，汽车报废周期平均为 8～12 年，而汽车更新周期平均不到 4 年，可见二手车市场有相当的空间可回旋。

图 2.8　二手车市场

（图片来源：二手车）

从经营效益看，二手车的利润在 16%～19%，而新车的利润只有 5%～8%。二手车的利润一般高于新车，因为现在新车市场的竞争非常激烈，各公司都加大资金投入进行科技创新和市场运作，再加上成本增加，新车的利润空间逐渐变小，而二手车受这些方面影响较小，所以保持着较高的利润。高利润是二手车市场比新车市场活跃的一个主要原因，也是二手车市场可持续发展的一个重要因素。

并且，二手车价格较低，市场供求量平衡。在发达国家已成为“汽车社会”的今天，轿车已成为现代家庭必不可少的交通工具，但不同层次的消费者对轿车的需求也不同。

部分中产阶级和中产以上的消费者买车以新车为主，他们注重的是车辆的可靠性和款式，而不是价格，一般至多用上4～5年，在车辆的可靠性开始下降，有另一批新款车型推出时，他们就要换车了。

多数中产阶级以下的消费者则以买二手车为主，主要是出于使用成本较低的考虑。二手车的价格一般只有新车的一半左右，而且这类车再使用2～4年性能仍然可靠，使用后的价值损失比购买新车小得多。这样的二手车用过后可能再次卖掉，这时车价只有新车的20%～30%，主要流向收入更低或没有收入的学生手中。

另外还有一些较旧的车价格更低，仅有新车价格的5%～10%，购买这种二手车，虽然还要花费一定维修费用，但总体上成本最低，很划算。因此，在发达国家，二手车的总供应量略大于总需求量，二手车价格相对较低，以平衡市场供求量。

三 我国二手车市场现状

中国汽车产业远还没有达到世界发达国家水准，二手车市场目前也正处于发展初期，我国二手车市场如今有以下特点。

一、行业法规滞后，时效性不足。政策不健全，造成二手车市场管理水平难以提高，服务功能缺乏。

二、二手车车源逐渐得到丰富，虽然受新车降价影响，二手经销商风险加大，一般来说，新车价格下降 10%，同类车的二手车价格会同步下降 7%左右，有时甚至更高；但新车降价使更多品牌的轿车流入二手车市场，丰富了二手车市场车源、品种和质量，扩大了消费者的选择范围。另外，在一些大城市，如北京、上海等已经开始严格实行欧 III/IV 排放标准；一些不符合排放标准的使用中车辆将会被禁止驶入市中心，这些车将陆续进入二手车市场，从而丰富了车源。

三、随着市场经济的发展，二手车交易形式趋于多元化。为了开拓市场，满足消费者的需求，一些汽车生产厂家在全国推出二手车置换、认证业务，打破了原有的有形二手车市场单一交易的模式，一种以品牌轿车销售为主体的二手车置换体系正在全国逐步形成。其主要特点是：方便消费者购车，解除消费者在购买二手车时，不放心售后服务的担忧，同时品牌轿车企业在稳定原有客户的基础上，延伸了新的利润来源。

四、二手车鉴定评估与二手车交易市场分离试点工作全面铺开，出现了一大批专业的二手车鉴定评估机构，但我国目前还没有形成完整统一的二手车价值评估标准和汽车残值发布制度，对二手车价值的评估过于简单和随意，实际估值与理论价值差异很大。

五、部分二手车交易市场开始转变经营理念，面对二手车经营权逐渐放开，还有的企业引入了二手车网上拍卖系统，开展网上交易等；汽车拍卖以快捷定价，快捷转让和兑现的优势迎合了市场的需求。目前，消费者在转让二手车的过程中遇到的突出问题是转让繁琐、价格不理想以及车兑现货币较慢等，二手车拍卖这种营销方式在一定程度上满足了这部分消费者的需求。但由于拍卖刚刚起步，发展尚不成熟，所占市场份额仍然很小。

六、尚无完善的二手车信息网络以及二手车推广手段和渠道，消费者得知二手车信息的渠道甚少。

07 Section 汽车租赁

租赁通常指出租人与承租人订立租赁合同，拥有资产业权的出租人将使用权交换给承租人。汽车业喜欢把租赁业务归为三种，分别是融资性租赁、经营性租赁和衍生租赁产品。

经营性租赁业务开展最早、覆盖最广，主要针对商务和个人用车，可以分为长期租车和短期租车。例如目前国内的神州租车、至尊租车等公司，都在提供经营性租赁业务。融资性租赁业务是通过金融工具为客户购车提供融资服务，主要针对经营性租赁客户、政府机构和企事业单位等，目前中国主要的整车厂，如一汽大众奥迪的大客户销售提供这项业务。衍生租赁产品是以上两种租赁产品的结合，可以做到“容长补短”，主要提供给企事业单位等。

有人说汽车租赁是新而且复杂的，那么我们来看看，它到底新在哪里，又复杂到哪般。

一　诞生急又跑得快的中国汽车租赁

在西方各主要汽车大国，汽车租赁业已有很长的历史，从 1918 年至今，已经形成了赫兹（HERTZ）、阿维斯（AVIS）、巴基特（BUDGET）、欧洲汽车（EUROCAR）和福乐斯（FULLERS）等国际汽车租赁业的巨头，2000 年全世界汽车租赁营业收入就达到了 1000 亿美元，涉足汽车租赁业务的公司有 5000 家之多，而被广泛认为的中国汽车第一家租赁企业这时候才成立 10 年，其诞生说起来还有点“乌龙”。

在 1990 年北京亚运会的筹备期间的记者招待会上，有其他国家记者提问北京是否有“Car Rental”。由于翻译的原因，北京亚运会负责人对记者怀疑北京是否有“出租汽车”很不以为然，非常明确地予以肯定回答，但事后才意识到北京乃至全中国尚没有“Car Rental”这项在其他国家已经比较普遍的交通服务。为了落实承诺，中国第一家汽车租赁企业“福斯特（First）”于 1989 年 8 月诞生。当时他的客户仅限于“在京外籍人士”。

20 多年过去了，中国的汽车租赁市场呈现爆发式增长，2013 年市场需求为 25 万辆，全年市场规模 220 亿元，罗兰贝格管理咨询公司对 2014 年的分析预测更是被汽车业广泛认同并引用，即中国汽车租赁市场将达到 380 亿元，40 万辆的市场规模，并且未来几年有望保持 20%～25%的高增长。然而相较于西方各国，中国的汽车租赁行业仍处于早期发展阶段。以租赁方式售出汽车占总销量的比例，美国为 35%，德国更是占其本土销量的 50%，而中国的这一数据仅为 10%。

二 跑得快，能不能也跑得好

中国汽车租赁业这个大苹果，长得看似不错，想要咬一咬却得先看看有没有虫洞。

中国宏观经济稳步增长，为汽车租赁业提供了发展基础。近年中国经济的表现是有目共睹的，世界银行发布的报告《2020 年的中国——宏观经济情景分析》中预测，到 2020 年中国的人均 GDP 将达到 4800 美元，约为美国人均水平的 1/4——消费者有钱，租赁公司你敢不敢任性？

对于汽车租赁企业内部而言，企业经营范围和业务模式不断扩充变化，例如“至尊租车”以直营的方式全国联网，通过要求租车人使用信用卡租车、车辆安装 GPS 定位和防盗设备以及引入保险服务等手段推出无担保、零押金的服务。更多的中国公司选择借鉴国外成功模式，逐渐形成了企业自身特点及适应中国国情的商业模式。这是想要“跑得好”的非常不错的解决办法。

另外，“安飞士”等国外公司通过同国内汽车企业合作的方式进入中国汽车租赁市场，高盛、联想等行业外公司通过直接注入资本的方式进入汽车租赁行业，也带来了资金和先进理念。

外部和内部环境都不错，能不能真正跑得好就看能不能找到合适的途径克服制约。

首先中国的汽车租赁行业缺乏一部全国统一的权威性法规，1998 年的《汽车租赁业管理暂行规定》早已不能适应现在的发展。针对无营运牌照车辆从事租赁业务的监管、建立事故赔偿机制等，无奈无法可依。没有法规，也就缺乏统一的行业管理。大部分地区的汽车租赁业仍处于各自发展的无序状态，无证经营、恶性竞争的情况屡有发生。对租赁行业的扶持政策更是缺乏了。

租赁公司内部的问题，首先集中在“钱”上。由于汽车租赁行业前期投入高，资金回笼相对较慢，更新车辆设备又需要大量的后续资金，大部分公司目前处于高负债运行，企业再融资渠道不畅，资金不足。此外，缺乏与汽车厂家、经销商以及二手车经营商家的有效合作也是亟待解决的问题。

三 带上信息网络与电子商务，和电动汽车一起跑

电子商务和互联网络对于汽车租赁公司来说，无疑是一大利好。一旦汽车租赁行业开始广泛应用这些新技术，将能够更加快捷、高效地进行业务拓展，有效降低管理成本，充分享受互联网汽车时代带来的红利。结果自然能将自身的经营管理水平和竞争能力不断提高。

电动汽车租赁在北美、欧洲已无处不在。在中国，电动汽车租赁业务也在热火朝天地发展，上海、杭州等地电动汽车采用分时租赁的方式，其自助借还的形式打破了以往按日租赁的传统形式，充分体现了网络和移动终端的优势，给人们提供了一种新的公共交通出行方式，当然也尚存有待完善之处。今后还可以充分利用车联网信息平台。

第 3 章
Chapter 3

现有汽车问题

01 Section 来自能源的挑战

汽车从诞生之日起，与汽油就成了不可分割的两个部分，汽油良好的特性为汽车持续提供着充分的“养料”，但我们都知道，即使再美味的食物也无法满足一个人所有必需的生理需求，更何况汽车使用汽油作为能源已经 100 多年了。汽油作为能源也在近期迎来了诸多挑战，然而其他能源是否已经足够成熟可以动摇汽油的地位，时机恐怕也尚未成熟。

一 传统能源面临淘汰边缘

现在任何有水的地方，就会有配套的“节约用水”标语，全世界似乎都有了勤俭节约，反对浪费的风气，或许在不远的将来，你也将在每个加油站内看到“节约用油”的宣传标语，警示人们要珍惜石油资源。

目前，汽车的传统能源包括了汽油、柴油、天然气（一般被看作可替代能源）等，稍微有点化学知识的人都可以马上看出这三个碳基能源的通性便是不可再生，目前的预测是石油储备量在 1.3 万亿桶左右，如果按照现在的消耗量来计算，现在的石油储备可以再被人们使用 40 年。这个预测一直被更改，由于探明的储备不断增加，但所有人公认，如果毫无节制地发展，总会有油尽气绝的时候（见图 3.1）。

图 3.1 石油过度开采

（图片来源：what happened to russia's ruble and where do we）

由于汽油的不可再生性，不少学者已经开始担忧石油消耗殆尽那一天的出现，于是社会上呼吁节约用石油的提议越来越多，而汽车作为石油消耗的大户（在中国，汽车石油消耗量占总石油消耗量超过 1/3），已经成为了那些鼓吹石油稀缺性专家的众矢之的，不少社会人士也不断给汽车制造商施加压力，要求其节能减排。

二 “扶不起”的新能源

要汽车降低对石油的依赖性有两条路，第一条路是减少开车，或减少私人用车频次，这个方法显然对于买菜都要开车的现代人来说难以接受，第二条路是利用新能源降低对石油能源的使用。

新能源汽车包括电动汽车、燃料电池、氢能源动力汽车、太阳能汽车等，目前可行并且研发的主要领域是纯电动汽车，纯电动汽车拥有零污染，低噪声等优势，可是在技术、成本与配套设施上仍比较落后。

首先技术最成熟的新能源汽车当属电动汽车，而氢能源汽车、太阳能汽车始终没有达到市场的技术要求，不少对应的项目也被搁浅。但是电动汽车的技术依旧离完美较远，其技术瓶颈在于电池容量，由于当前电池的能量不足，许多电动车的续航里程只有几百千米，并且需要的充电时间仍然较长，不能像汽油车一样快速补充能源燃料。

其次是成本，电动车有多贵？一辆特斯拉的价格足以赶超许多豪华车，一些电动车企业不得不依靠政府的价格补贴才能勉强让客户买得起，那么电动车到底贵在哪里？其一是昂贵的电池价格，其二是企业没有形成规模效应，由于电动车研发的成本较高，而销量往往上不去，所以每辆车分摊的前期研发费用较高，折算下来每辆车价格也就高了。

最后是配套设施，如果充电能像智能手机一样方便，相信有更多人会购买电动车，虽然政府大力推广充电站的建立，但人们希望像手机一样可以在家充电的模式却始终无法实现，而且小区内部的充电桩少之又少。

02 Section 来自环境的挑战

环境与发展如今是世界各国普遍关注的焦点，保护人类赖以生存的环境同时也是每个人的使命。汽车虽然是人类出行的必要工具之一，但汽车污染也是造成环境污染的“罪魁祸首”，汽车节能减排势在必行。

一　排气管呼出的“毒气”

汽车污染最主要的来源是汽车排放的废气。换而言之，汽车可以看作一个流动的污染源。在世界各地，汽车污染问题早已是老生常谈了。1940 年以来，光化学烟雾事件在美国洛杉矶、日本东京等城市多次发生，造成庞大的人员伤亡和巨大的经济损失。

汽车尾气含有多种污染物会对大气造成污染，以北京为例，大气污染物中，39%的一氧化碳、74.8%的碳氢化合物、46.2%的氮氧化物来自机动车的尾气。另外汽车需要消耗大量的石油，众所周知，石油属于不可再生资源，十分宝贵（见图 3.2）。

图 3.2 温室效应

（图片来源：温室效应原理）

二 尾气还不是全部

同时，不止是尾气，汽车在生产和运行过程中还会产生噪声、拥堵以及温度的诸多不良影响。

在城市噪声中，交通运输带来的噪声占到了约 75%，其中汽车在交通噪声中又占了极大的比重，达到 85%；由于汽车保有量剧增，交通堵塞已经成为城市治理的一大难题，尤其是上下班高峰，主干道几乎成为了巨大的停车场，汽车寸步难行；除以上所列之外，汽车使用空调排出的热气加重了城市的“热岛效应”，同时洗车时消耗的水也加剧了城市水资源紧张的局面。

03 Section 来自交通压力的挑战

随着人口的增加和收入的增长，越来越多的车出现在城市道路上，由此，城市交通堵塞逐渐演变为一个全球性的问题。在中国，由于机动车数量的突飞猛进，城市交通压力陡增，交通拥堵现象逐渐变得常见，成为极其严重的“城市病”之一。

一　汽车保有量的飞速增长

由于私家车数量增长过快，城市道路的车流量也相应日益增大。目前，许多城市私家车数量迅速增加，增长呈现越来越快趋势。如今的道路建设似乎有点跟不上急速飙升的私家车数量了。

与之相对的是公共交通系统发展相对迟缓，人们出行系统结构不合理。随着城市的不断扩张，人均出行距离的增加，非机动车出行的比例（自行车或步行）将逐步下降，如果公共交通系统不能迅速发展起来，就一定会导致城市交通的进一步恶化。同时，很多城市公共交通发展缓慢，面临公交车数量不足，居民出行中的公交分担率过小，万人拥有公交车辆标台较低等问题。

二 现有交通系统还需升级

目前城市的一大问题是缺少环城高速线路建设，使得大多数来自各地区的车辆被迫需要经过城市中心区。同时，一些交通道路由于规划不足导致设计过窄，并且道路与道路之间没有分叉路口，缺少车辆分流机制（见图 3.3）。

图 3.3 北京堵车

（图片来源：北京交通拥堵费政策）

如今大多数城市交通秩序基本上还是依赖人力和红绿灯，缺乏高科技交通管理手段，部分路段红绿灯过多，导致车辆通行缓慢。不少红绿灯的设计时间不合理，例如车辆较多的方向反而绿灯时间较短。

交通安全措施和责任不落实，许多交通事故出现后，事故双方没有统一快速的解决方案，导致事故占用道路，造成拥堵。

04 Section 现有汽车业汽车安全问题

汽车产销量、保有量越来越高，而不断增长的交通安全事故却造成了大量的人员伤亡，汽车安全问题让民众纷纷表示“伤不起”。于是，肩负减少交通事故发生和伤亡率，提高车辆对乘员的保护能力重任的汽车安全技术逐渐成为汽车业最重要的研究方向之一。而从人们“担惊受怕”到“享受安全”的过程，却没有想象中那么容易。在中国，交通事故的数量逐年减少，说明驾驶员的安全意识在提高，但交通事故的伤亡率在不断增长。数据显示中国汽车安全整体水平较低，安全技术的发展和世界其他国家相比，仍然相差较远。

一　守好汽车产品上市前的“安全门”

从 20 世纪 80 年代后期开始，汽车安全技术越来越受到全球的重视。

时至今日，汽车安全领域在欧美发达国家已经形成成熟的制度。欧洲经济委员会及欧洲经济共同体的 ECE/EEC 法规、欧洲新车评价规程、全球技术法规以及美国联邦机动车安全标准中汽车安全相关内容，突出了全球汽车产业在这一方面所取的成果。有兴趣的读者可以进行查阅（见图 3.4）。

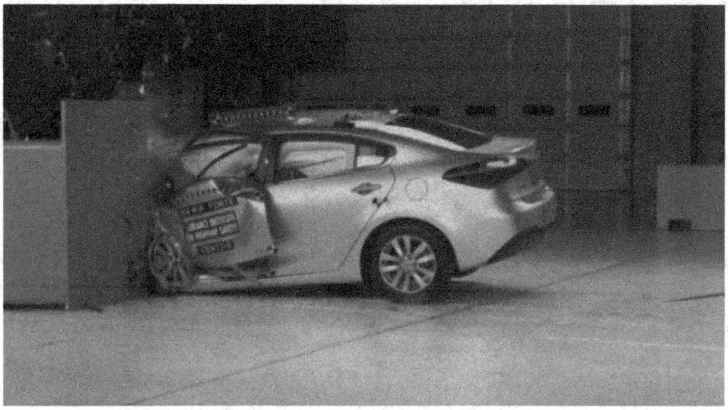

图 3.4　汽车安全测试

（图片来源：汽车安全测试）

在中国，每一辆即将被销售的汽车都有 CCC 的标识，它是 China Compulsory Certification 的简称，是国内汽车产品必须具备的统一认证。对于消费者来说，以安全、环保、节能作为铁律的 CCC 认证，便是中国汽车产品上市前的一道“安全门”了。

对于国内的汽车行业，CCC 认证是一道“紧箍咒”，时刻提醒企业不能在安全问题上越界。当企业要走出国门走向世界，汽车产品认证又是国际公认的质量“护照”，它既是工业化大生产和现代管理的产物，又是符合 WTO 规则的技术性贸易措施。将“护照”递出去，传递的也是一份信任和责任，是对全世界消费者的一份“人安全、车安全”的承诺。在汽车产品快速发展的同时，谁在质量风险、诚信缺失等问题上预防得好、应对得当，谁就能更好地服务市场，获得利益和发展。质量是品牌的基础，而安全是质量的核心，完善的汽车安全体系可以直接促进品牌的提升，所以守好汽车产品上市前的“安全门”，也是把握消费者口碑的关键。

那么自主品牌今年的质量表现如何呢？J.D.Power 亚太公司发布的报告告诉我们，2014 年中国新车质量“持续大幅提升”，提升到一个什么程度呢？报告显示，近四年来自主品牌与国际品牌之间的差距不断缩小，每一百台车辆的问题点数（PP100）从 2012 年相差 95 个 PP100 降低到 2014 年的 36 个。同时 J.D.Power 给出预计，如果保持类似的进步幅度，到 2018 年中国本土品牌将在产品质量方面达到国际品牌的水平。实际上，国际品牌降本，和自主品牌不断自我提升，此消彼长，两者的差距会越来越不显著。

我们仿佛看到，“人安全、车安全”离我们的驾驶生活越来越近了。

二　是什么卡住了“关不紧的安全门”

汽车业通常根据交通事故发生的前后将汽车安全分为事故前的主动安全性和事故后汽车被动安全性。主动安全性是通过操纵制动或转向系，防止意外事故发生，并且保证汽车在正常行驶的时候有足够的动力性、稳定的操作性和舒适的驾驶、正确的信息反馈。被动安全性是指汽车事故发生时能尽量减少直接和间接损失且有效地保护乘员和行人的能力。一辆真正安全的车要做到在行驶时不出差错，出事前预防事故，意外时保护人和车。

具体到驾乘人员身上，儿童和孕妇是受到关注最多的群体。

每十位死于交通事故的人中，至少有一人是儿童。父母任何情况下都尽力不让自己的小孩受到伤害，然而交通意外伤害已成为儿童意外伤害的“第一杀手”。孩子在乘坐汽车时，父母要检查，安全带有没有系好？有没有使用合适孩子身高体重的安全座椅？甚至孩子有没有被安全带固定在车上？儿童乘车时安全带应该跨过孩子身体的哪些部位？甚至在一定年龄之下，安全带是否合适，还是采用儿童座椅？

对于怀孕的女士，专业的汽车安全研究人员建议，即使在怀孕的后期也需要务必系上安全带。目前，安全带仍然是保护孕妇和胎儿的最佳方式，不过，并不是说系安全带对胎儿也有充分的保护作用。在车祸发生时，孕妇的胸腔和骨盆都会受到安全带的压迫，但她的腹部仍可自由活动。由于胎儿可在母体内自由浮动，因此可能胎盘部分或全部地脱离母体造成胎儿无法获得足够的氧气，也有可能胎儿的头部撞击在母亲骨盆上而受伤。当然，避免乘车旅行是最佳的解决方案。

目前一些汽车公司采用了计算机模拟孕妇模型的技术，相信对这一方面安全问题的解决将会更加体现人们对于生命的尊重。

说到要关起这扇安全门，可少不了碰撞模拟假人的功劳。世界上第一个用于撞车测试的假人被创造于 1949 年，现代撞车测试中使用的假人在电子器件的辅助下，更好地为汽车安全问题的研究和解决做着突出的贡献。从实体假人已经发展到了数字模型，在产品开发的不同阶段帮助分析。

三　自动驾驶是人类驾乘的终极目标

经过一段时间的发展，自动驾驶并没有人们想象的那么遥远。汽车安全智能化技术的使用极大地降低了人们驾乘的安全隐患，也提高了简便和舒适性。甚至从技术本身上来说，自动驾驶已经不是困难的事情。

得到广泛应用的 ACC 技术通过雷达和车轮传感器等帮助驾驶者控制车速、保持车距、降低驾驶者行车疲劳和追尾风险。AEB 系统可以在车距小于警报距离时报警，小于安全距离时帮助驾驶者进行制动，保护行车安全。LDW 系统帮助驾驶员减少行车时因车道偏移带来的危险，盲区监测系统可以通过传感器、雷达等监测驾驶盲区内是否存在行人或其他车辆。这些都在朝着自动驾驶的目标前进，而 Google、Volvo、博世等公司也已经对此在真实的城市交通中进行了广泛的测试。

当然高度自动化驾驶的实现在事故追责、故障救援等方面还存在一些待解决的问题。根据维也纳公约，驾驶者被要求始终双手要放在转向盘上，也就是说驾驶员始终要能够对车辆进行控制。那么在车辆配置方面，是否还有必要保留会成为冗余的配置，比如方向盘？

只有时间会说明一切。生命安全要靠机械设备来提升保障，更是掌握在自己手里。在短期内，即便是自动驾驶汽车，一定还是会有方向盘等操纵机构，甚至还要配备驾驶员这个奢侈装备以备不患。

05 Section 经营模式问题

现有的汽车经营模式虽然已经历时 100 多年，传统经销、售后服务也已经组成了较大的规模，但历史悠久与规模的大小并不能掩盖其现存的商业模式的弊端，现在的汽车商业模式在 4S 店、配件经销以及服务方面都不是很完美。

一 4S“店大欺人”

现在买车去 4S 店已经成为所有买车人的普遍信仰，4S 店已经成为汽车销售的象征，往往 4S 店内的工作与销售人员可以在最后关头让买车人改变主意，当然其权威以及专业的服务也让许多消费者放心。

但 4S 店并不是慈善机构，其专业的背后也隐藏着“权力”所带来的各种危害，无论是对于上游的整车厂还是对于作为终端客户的消费者。

对于上游整车厂，4S 店凭借其在消费者之中的地位与市场把控力，时刻“威胁”整车厂提供更多的返利计划，对于新车的批发价格也是打折再打折，企图将更多的新车销售利润据为己有。前不久宝马集团才刚刚平息了经销商的“起义”，但却付出了超过 50 亿元的代价。宝马经销商联盟，联合上交了一份请愿信函要求宝马向中国经销商提供 60 亿元的额外返点，最终基于经销商的强大实力，宝马集团只能答应这些要求。

其次，对于终端消费者，4S 店也是“毫不客气”，由于 4S 店处于对利润的考虑，往往会向消费者推销能带来最高利润的车型，而不是最适合消费者的车型，例如消费者看重了一辆轿车，而最终却在销售人员的“苦口婆心”下购买了一辆商务车，原因并不是销售人员关心其未来的大家庭需求，而仅仅是因为这台商务车可以带来更高的返利或者利润。

二 配件经销“真假难分”

现在配件经销市场以一个“杂”字著称，不仅是配件经营的厂商杂多，配件的质量也往往参差不齐，让消费者难以区分配件的来源与真伪。

换过零件的车主都知道，同一个零配件在不同的店铺价格天差地别，有的动辄几千元，有的只有几百元，消费者往往会疑惑，究竟是贵的店家故意抬高了价格，还是价格较低的店铺用的不是原厂配件，只是用了自制的假冒伪劣产品。

如今的维修店或配件经销商的零配件物流不够透明，用户往往只能靠肉眼与对于商家的“关系”判断这个零部件的真假，根本无法知道配件的生产商与性价比等一系列信息，对零配件的更换与选择存在许多盲区。

三 汽车服务“水分不少”

汽车厂商虽然卖的是汽车，但在买车与售后方面，服务仍然是一大主要方面，车主支付的服务价格真的是物有所值吗？还是各个服务价格存在虚高的现象？

例如在买车后，4S 店与其他店铺通常会推荐各种汽车贷款与保险项目，这些看似可以为我们省下不少钱的金融产品实际上往往是经销商与特定的服务提供商达成的协议，为的不是让消费者省钱而是绞尽脑汁为自己谋利。

又或者汽车购买后进行的一系列售后保养服务，这些花哨的项目，例如让汽车更加安全，行驶更加平顺真的有如此显著效果吗？还是这些服务都是天马行空，盲目地创造原本不存在的需求，再者，这些服务的不够透明,其使用的明码标价的服务产品是否真的用在了车上,还是“滥竽充数”？这些服务方面的问题时时刻刻都让车主提心吊胆，生怕汽车受到危害。

06 Section 将来会怎样

一　未来汽车驰向现实

1 汽车电动化

百年的汽车传承，燃油车似乎已经耗尽了人们的新鲜感，当然环保节能才是其最大的敌人，于是新能源汽车近几年在市场上发展迅猛，出现井喷现象。不仅是各大传统厂商相继推出新能源汽车系列，如丰田、福特、通用、宝马等，以新能源汽车为主打产品的新整车厂，也开始逐步抢占市场份额，如比亚迪、特斯拉等，新的投资也不断涌现。另外，技术也不再是独一无二，不同类的新能源汽车也逐渐出现在市场上，例如纯电动（见图 3.5）、混合动力（HEV，PHEV）、燃料电池汽车等，这些新能源汽车的市场进入对传统能源汽车的市场份额已经构成了挑战，“未来我来”——新能源汽车已经在全球发出了挑战。

图 3.5 电动车

（图片来源：沃尔沃集团 electrified road system）

2 汽车互联

未来的汽车是什么样？也许可以真的如同科幻电影里面那样与人对话，帮助选择路线，完成独自买外卖的任务，这些都有可能通过汽车互联去实现。

汽车互联将是未来汽车发展的又一个重点技术，汽车互联强调汽车成为互联网的一个终端，类似于智能手机，不仅是车与车之间互联，汽车互联是要实现车与车、车与人、车与 X 之间的多重互联。如车与车之间，未来的汽车互联将可以使车能感知周围车辆的情况，包括距离、车况，为自动驾驶提供了必要条件；而车与人之间的互联则主要是车载智能系统，其包括娱乐、车辆服务提示、安全提示等，为驾驶者提供对车辆的全方位掌控与娱乐新体验；另一个重要的汽车互联是车与路的互联，未来汽车将可以感知周围环境，包括周围商铺、路况以及实时信息，协助驾驶员选择路线以及提供智能化推荐服务；汽车互联大数据应用也会在未来进一步实现，整车厂通过汽车内部的数据接收器与传感器，汽车生产商可以分析用户数据并对汽车运行状况进行分析，方便售后管理与技术研发。

3 自动驾驶

想在开车时打个盹，或是玩玩手机，看看电影并且不影响交通？也许未来你的汽车将不会再有方向盘，当然也不用担心酒驾，因为开车的不是你，而是汽车自己。

近年来，自动驾驶概念已经深入人心，其实早在 2012 年，谷歌公司就已经研发出了无人驾驶汽车，并且在美国拿到了许可执照，丰田等厂商随后也加入了自动驾驶汽车的研发，并且出现了不少概念车型。

自动驾驶汽车即通过加装汽车传感器、雷达、摄像头以及驾驶辅助与自动化系统，当汽车每一个零部件都被装上了传感器，车辆便能实时感知自身，以及与其相关物体的距离和状态，如交通信号和附近车辆等。同时，车联网系统将呈现出“物体协同运作、系统状态最优”的自组织运行模式，使得汽车之间，汽车与交通指挥中心之间能够彼此交流。可以见得，漫长的车辆阻塞、严重的交通事故和寻找停车位的焦急过程都将成为过去。“车载人”将取代“人开车”。

有了自动驾驶汽车，也许在未来，高速公路会变成由一辆辆汽车整齐排列而组成的火车，汽车分享也会变成可能，当然，酒驾问题也将不复存在了。《霹雳游侠》中那台有高度 AI 的跑车 KITT，终有一日会出现在我们生活中，成为我们的“大白”。

二　整车厂依旧强势？互联网企业可能才是汽车产业霸主

可能乍听起来有点意外，汽车行业的未来话语权不在整车厂手里，而是在不生产汽车的互联网公司手里？可能会让人一开始无法接受，不过想想我们餐桌上的汉堡吧，麦当劳与生产牛肉的农民，那个比较有话语权？

互联网企业的迅速扩张已经不是什么稀奇的事情了，如今的各个行业似乎都会有互联网企业的影子，例如传统的购物超市、餐厅，旅游，互联网企业都已经成为其中不可或缺的一部分了，下一步汽车行业是否也将由互联网主导呢，也许吧。由于汽车共享未来的兴起，互联网可以迅速占领相应的领域，完成汽车共享平台，或是成立相应的机构来帮助用户共享需求。而这些平台因为拥有大量的客户群体，对整车厂的议价能力与产品需求肯定在整车厂之上，整车厂不得不将成为弱势的微笑曲线中段。另外，由于未来自有车比例将降低，人们对公用车品牌也不会像目前那么关注，试想一下，除了车队运营商，有多少人会注意公交车的品牌呢？于是他们会只相信提供服务的互联网品牌，整车厂品牌例如通用或是大众，到了某一天，对消费者而言，区别不大时，互联网企业的选择将决定整车厂未来的存亡。

当然，整车厂也可能维持现在的强势地位，只不过概率不大。整车厂可以大刀阔斧进行改革，不等待别人的挑战和颠覆，自我变革，例如迅速拓展汽车共享服务，与互联网企业进行合作来一起开拓未来共享汽车生产、汽车使用这一块大蛋糕，将这些服务作为整车厂的一个业务拓展，或者是依仗现在的强势地位来迅速在相应的汽车共享领域形成较大的进入壁垒，将新企业排除在外。这些都将取决于整车厂自己的改革实力，但据我们了解，要一个个传统的整车厂企业对于新兴产业的把握快于新科技行业，难度可想而知，所以未来整车厂是否可以维持其现有地位，未来几年对相应行业的垄断是否能够形成，十分关键。

三　未来的我们将怎么进行买车、乘（用）车与修车

4S 店买车在未来或许将不可行了，因为 4S 店将不复存在；同样，如今风生水起的经销商也会随之成为历史。未来整车厂与互联网的 O2O 平台

的合作会更加紧密，买车时，我们不再需要去实体店铺，只需要在网站上浏览车型，通过未来视频模拟技术或虚拟化世界来体验试驾，在家即可完成对新车的全方位体验，当预定之后，整车厂可以通过自动驾驶将车直接交给客户，无需经营实体店铺，如今错综复杂的经销商与整车厂关系自然也会没有，未来也许整个经销商体系都会随之瓦解。

如今的一人一车的模式是否还会延续？公共交通与私人交通是否仍然划分得如此清楚？这些我们早已习惯了的乘车模式可能在未来将不复存在了。取而代之的是新型的人车交通社会体系。

未来，汽车共享的商业模式将会成为主流，当然具体的共享车形式仍然存在不少变数，但主流的形式将是在未来，如果你想出行，只需在手机端或者提前与智能汽车预约，告知时间地点信息，一辆自动驾驶的汽车便会按时抵达出发点，将你舒适、安全、准时地送达目的地，乘客将不需要考虑任何停车问题。未来的出行将更多借助共享车商业模式，这个商业模式可能会模糊公共交通与私人交通的界限，同时也可能会使未来的汽车不再存在所有权，当然具体是由第三方提供车辆还是多个家庭共有一辆共享车的模式，尚未定论。

对于售后服务，也许未来的汽车乘客根本不会去关注，因为智能车会有自己的维修与保养时间表，就像是在汽车内部安装了一个智能管家，它会接管所有的汽车维修、售后，确保车辆在每时每刻都处于最好的状态。想象一下，一个自己会打理自己的车，多么酷的想法。

四　未来汽车什么样

在互联网汽车的时代，“可定制”“模块化”等新概念刷新了人们的认知。更加人性化的设计，不仅是依据人体工学的设计或为残障人士特别设定车型，就连车身的涂装、内饰、操控装置的风格都可以让驾乘者量身定做。你有没有想过有一天方向盘变成了鼠标一样的小型操控装置？或者用全息影像的方式徒手操纵？有没有可能前挡风玻璃是一块巨大的显示屏，驾驶时候实时显示路况和行驶信息，驻车时变成了一块 pad 以供车内娱乐？再或者有没有想过春天要去踏青，提前预约一套春光明媚的内饰？另外，人机交互的技术越来越完善，应用在车上也会带来新的驾乘体验。不少设计师提出，可穿戴设备会成为今后主流的操控方式之一，或许你还在纠结于要不要购买一块 Apple Watch，但你一定不会拒绝一辆好的 iCar（见图 3.6）。

图 3.6 奔驰概念车

（图片来源：2015 梅赛德斯奔驰 f015 luxury in motion）

网络技术在汽车上的高度应用不仅可以大大提高汽车的综合性能，更重要的是可以减少驾驶者负担，而且可以使驾驶人与外界保持实时联系，享受车辆提供的更好服务。

目前朝这个方向发展的汽车，都具备摄像图形识别系统、声音辨认系统和卫星接收器。当前汽车电脑可以对大约 200 个声音指令做出反应。福特（Ford）公司正在研制一种更为复杂的声音辨认系统，甚至可以通过装在轮胎上的徽型麦克风来识别路面状况和发动机异响。通过声音辨认系统，驾车者可以方便地与汽车对话，用声音来控制车内设备，还可以通过卫星接收器连接到互联网，享受移动的便捷。

堵车和停车是人们的困扰，那么利用全球卫星定位系统来实时接收行驶路况信息，信息中心会自动为你的车辆规划行程，寻找合适的停车位。如果你的车是电动汽车，很可能在你停放车辆开始学习工作时，汽车也去给自己“充电”。因此互联网汽车可以缓解人们在道路阻塞或长途行车中的寂寞孤独感，并大幅度增加安全系数。

第 4 章
Chapter 4

“互联网+汽车”带来的全新驾乘体验

01 Section 智能化驾车体验

在移动汽车时代，汽车虽不会像来自塞伯坦星球的“擎天柱”们那样被设计得出神入化，但拥有“超级大脑”的智能化汽车仍能够让人们驾驶得更舒服、更安全，也因此得以成为人类终极的移动空间。

一 与汽车进行对话

拥有“超级大脑”的汽车在和人的交流互动上更胜一筹，汽车能“听懂”人类的指令甚至能够实现对话互动。驾驶员可以通过语音指令直接对汽车进行调节和控制，拥有更多数据存储功能的汽车能够通过云端连接到驾驶员的其他设备，将带来很多便利。

同时，结合了语音识别技术和人工智能技术的车载计算机可以通过语音与人进行互动，大大提升了汽车的“用户友好性”。如今的智能手机已经做到了无须阅读说明书就可以使用，在手机的提示下自学如何操作。同样，在未来，人们也无须接受太多培训就可以驾驶汽车，计算机将成为最好的老师，通过语音同人进行互动，车载计算机可以“手把手”地教会人如何操作汽车，并在运行过程中必要时给予人提示。

车内的显示屏将成为人和车辆交互的主要渠道。装配有更多传感器的自动驾驶控制系统能够保证人的视线不必一直保持在正前方，给了驾乘人员更多的时间来通过显示屏操作。大部分车内的设备都将可以通过显示屏来控制，同时大部分车辆的零部件也都将可以通过显示屏实时显示它们的工作状态和预警信息。特别在移动互联的时代，每辆车都将成为移动终端，即车辆本身有数据存储和传输的功能。通过车辆显示屏驾乘人员可以随时上网浏览信息和收看电视节目，而且多屏分开的设计能够让每一位乘客不受干扰地享受车内的娱乐设施。

同时，车内系统还可提供丰富多彩的应用可下载安装，即把手机 APP 搬上汽车。你可以下载应用在驾驶时实时查看金融产品的动向，可以在堵车时下载小游戏进行娱乐，也可以在驾驶时参与电视电话会议，驾驶过程变得十分轻松、便利。

装配了许多传感器和安全装置的汽车将能够实现自动或半自动驾驶，在这个时代，司机作为职业将会消失，人人都是司机，人们只需坐在驾驶员的位置上随时查看系统是否运行正常，而不必花大量的精力来驾驶。这意味着车厢将成为流动办公、学习、休闲的人往返居所的第三空间，车内的设施也将和现在完全不同。因此可以说，我们在移动中将置身于一个智能化的空间，而不再是仅仅坐在固定的位置上完成通勤。

二 把驾驶功能放上手机

还记得曾经风靡一时的“极品飞车”游戏吗？在游戏中玩家可以非常直观地通过显示器和其他人体输入设备驾驶并改造汽车，在移动汽车时代，你就可以通过手机 APP 对自己的车辆进行控制，像玩赛车游戏一样操纵实际的汽车。

这并不是遥不可及的，目前已有的技术已经可以实现自动泊车、车内设施的开启和关闭等操作，也能实时监测车内各个部件的工作运行情况，通过和行车电脑相连接，可以查看车辆还有多久需要送修、保养，汽车的油量、胎压等安全指标。

在未来，通过手机的驾乘操作，可以借助云端数据把行车信息实时反映在手机上。届时，驾驶员不再需要任何时间都一本正经地“坐”在驾驶座上，你可以将驾驶座椅放倒，将驾驶座变成一张床，就像躺在自己家的床上玩手机游戏一样通过手机辅助控制车辆的各项操作，让人们在驾驶时享受更多舒适和自如，解放双脚（见图 4.1）。

图 4.1　通过手机查看车况

（图片来源：BMWmag The Ultimate Stop For all The Latest BMW News）

而这项技术普及后，手机就是汽车的遥控器，即使不在车内，也可以通过手机远程控制汽车行驶到任何你希望它去的地方，实现真正的“无人驾驶”。在这一技术普及的过程中，对手机汽车应用的设计显然放在了最重要的位置，怎样提升它的用户友好性将成为厂家竞争的核心优势。所以我们说，苹果和谷歌将代替传统的汽车制造商，成为汽车产业最大的软件商。汽车成为人类移动的终极空间，这些行车相关的软件就是您最贴身的管家。

三　把智能汽车穿在身上

APPle watch 和谷歌眼镜（见图 4.2）让可穿戴设备被更多的人熟知，而苹果的 iDrive 操作系统和谷歌的“Glass Tesla”的谷歌眼镜应用也已经开始在智能汽车上发挥作用，为用户提供了全新的智能化驾车体验。根据现有技术普及的速度，可以预测不久的将来可穿戴设备将成为人们驾驶车辆出行的主要途径之一。

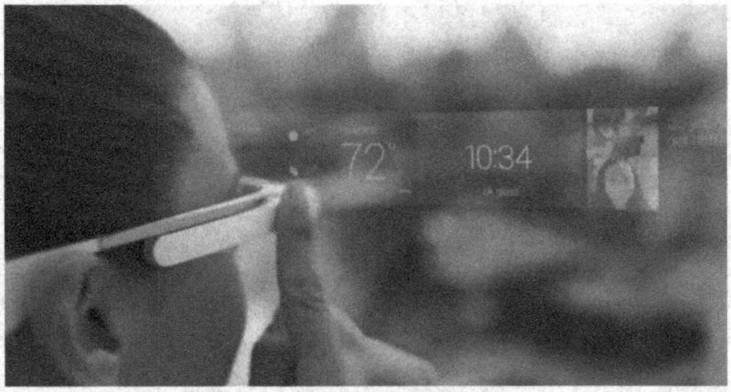

图 4.2　谷歌眼镜

（图片来源：Google Now Google Glass 体验）

谷歌眼镜的特色功能是，能够通过眼镜检查汽车的充电情况，在地图中锁定汽车位置并且附带远程汽车警报功能，能够自动开、锁车门和汽车顶窗，监测车内外温差并及时开启气温自动调节装置。当然功能还在不断突破、不断创新，而且它开始拉近了可穿戴智能设备和汽车之间的距离，智能汽车越来越近了。

在可穿戴设备的帮助下，乘客在车内还可以获得更加逼真多彩的娱乐体验。车上的乘客们可以在互相不影响的情况下通过佩戴电子显示眼镜和耳机玩 3D 游戏，同时座椅也会配合游戏场景制造出振动、摇晃的效果，让乘客有身临其境之感。

而戴在脖子上的项链和戴在手上的手环，因为直接接触人体，更能够通过人类的生理反应来控制行车安全性和驾驶过程中的舒适性。如可穿戴设备检测到体温升高或是降低，能够自动调节环境温度、湿度等让车内乘客感觉舒适。

02 Section 汽车空间内的娱乐体验

在这个“娱乐至死”的时代，娱乐成为一个不可忽视的需求。而到了移动汽车时代，得益于无人驾驶技术，人已经从方向盘上完全解放出来，不再需要担心道路情况与驾驶安全问题了，驾驶员与乘客可以开始追求各类在车上可以享受的娱乐体验，为自己的移动空间增添更多的功能性和趣味性。

当然纯粹将乘客送达目的地将不再是汽车唯一的使命了，不仅要让乘客安全出行，更要让乘客享受出行，未来的汽车必须具备多元化与充足的娱乐设备来满足未来的出行需求。

一　堪比 IMAX 的环绕式影音享受

未来，在狭小的汽车空间里就可以完整地体验 3D 电影。汽车不再有车窗，汽车内部的表面是一块完整的透明立体屏幕，其颜色、形态等可以根据乘客要求进行变换，倘若汽车驶入一个风景优美的小镇，乘客可以设置全透明化，将风景尽收眼底，当然这个屏幕可以放映乘客想欣赏的任何影视作品，采用环绕式的3D模式，360度展示电影内容，让乘客身临其境，直接融入到作品的场景中去（见图4.3）。

图4.3 3D体验

（图片来源：Credit: Oliver Stefani, Fraunhofer IAO）

当然与传统的IMAX电影院不同的是，因为是在私人的汽车内部，观众大可不必担心自己的行为影响到周围人并且可以随时调整影片放映进度。此外，由于未来的汽车将搭载多功能座椅，乘客在享受影视的同时还可以来一次完整的按摩体验，让全身都得到最大限度的放松。

同时，汽车的实时运行情况作为小窗口依然会半透明地出现在显示屏上，既不会打扰到驾驶员的观影体验，又能够在紧急情况下提醒驾驶员接管汽车驾驶权。听起来有点像科幻电影，但实际上这就是所谓“终极”移动空间的意义所在。

二 身临其境的游戏体验

同样地，运用环绕式屏幕或可穿戴设备，驾驶员可以通过操纵杆玩电子游戏，可以选择单人游戏，也可以选择和车上同坐的四位乘客联机进行游戏互动，或者还可以选择运用网络连接同世界上任何一个在车中的玩家联机进行联机游戏互动。驾驶员所坐的椅子也可以通过倾斜、转动和振动来配合游戏中情景的需要，让玩家有身临其境的感觉。

比如游戏是一个在互动式的虚拟公园中进行的探险，玩家可以通过控制杆在一个侏罗纪公园中到处游览进行探险，在虚拟环境中玩家可以选择坐在一只恐龙的背上，那种颠簸感就会由座椅的振动体现出来；运用 3D 技术的立体互动游戏也会成为乘客的新宠，在舒适的旅途中来一场家庭飞行棋大战绝对会让一个四口之家享受到家庭游戏的欢乐。

三 汽车新社交

进入汽车这样一个密闭空间后，驾驶员也不需要担心与社交脱节，社交账号在驾驶员进入汽车后自动在车载计算机上完成登录，驾驶员可以通过车载屏幕和内置摄像头同远方的亲朋好友进行视频交流。

同时，汽车作为一个独特的载体也可以成为一种新颖的社交平台，司机可以选择在社交网络上公开自己所处的具体位置，并可以看到朋友们都在哪里，简单地向电脑发布一个指令，就可以邀请附近在路上的好友们一起出来碰个面或开个 Party。

例如当你登录一个未来的汽车社交软件，你的好友列表不仅会显示在线的好友，并且能够识别出同样在路上的好友，甚至可以检测出其大致的地理位置（如果其公开），这样，如果你和朋友恰巧在距离非常近的位置，便可以计划一次“偶遇”。再如，如果你与好友的目的地与路线相似，你们还可以通过将汽车绑定，计划同步的出行。

未来还将出现一种新式的汽车社交方式，名为“行车记录仪”，其功能就是实时记录车主行车沿途的风景并进行录制分享，达成社交的目的。例如当一个探险家横穿一个国度时，汽车上的记录仪可以将经过的路程录制为视频发送至社交软件，让更多人欣赏到沿途的奇妙风景。浏览者如果也想来一次这样的旅行体验，只要让爱车下载分享者提供的数据，便能来一次“说走就走的旅行”，在私人空间中享受社交愉悦了。

03 Section 高效便捷的服务体验

我们说移动互联时代的驾车体验将变得高效便捷，主要是车联网技术使得互联网汽车能够帮助用户节省大量的时间，通过利用先进的导航、驾驶辅助与 O2O 平台，未来的汽车将在很大程度上提升用户各个方面的驾驶体验，保证安全的同时最大化提升效率。在车联网时代，消费者服务效率、驾驶效率和租赁共享的效率都将得到很大程度的提高。在汽车这个人类终极的移动空间里，人们不仅能享受娱乐，更能高效享受车辆服务，并且可以充分利用时间、高效办公。

一 服务消费者的效率变高

现在，买车对于人们来说，是一件需要货比三家、东奔西走的事情。而随着互联网汽车时代的到来，人们在舒适的沙发上便能通过手持移动设备感受到高效快捷的销售服务。通过平台网站或手机 APP，甚至是来自社交网站的信息，有购车需求的人就能够掌握自己想要的车辆信息，虚拟现实技术会呈现整个车辆的真实形态，甚至模拟驾车画面，以往存在的信息不对称的问题得到了解决。

云端数据可以根据每一位消费者的兴趣爱好和驾驶习惯，将大数据直接共享到整个汽车行业的各个领域，为消费者提供可定制的服务。未来消费者的服务将由云端系统进行数据分析，并根据分析结果由服务人员主动提供车主真正需要的及时服务，因此服务不到位、不合理导致的事故问题将不再发生。

因为汽车本身成为了一个可以收发、存储和共享数据的移动终端，在人们驾驶车辆的同时，可以通过汽车上网收发邮件、处理事务或参与视频会议，通信辅助设施能够充分帮助人们节省在路途上的时间，提高生活的效率。如果你在路上希望和同车的乘客看一场电影，车内的内饰和设备将会变成电影院的模式，在汽车自动驾驶前往目的地的同时给车主提供了个人生活、工作的第三空间，成为一种愉悦的享受。

二 互联网汽车拥有更为高效的驾驶

在自动驾驶实现之后，综合处理实时反馈得到的信息能够帮助驾驶员减少在路程中无谓的时间消耗。每台汽车都能进行数据收集和共享，每台汽车也都能利用路况信息进行最佳路线的选择，避免堵车与交通事故。互联网汽车能够通过优化路线让车主享受更为高效的驾驶。

在选择停车位和泊车方面，汽车能够自动寻找到周围的空余停车位，预订车位并前往泊车，锁车和付费等也将通过车载系统自动完成。在下次需要用车之前车主只需远程唤醒车辆，汽车便能自动驾驶到需要乘车的区域通过身份辨识系统邀您上车。这之间车辆的状态也将通过移动设备进行实时监测。电动汽车和混合动力汽车可以在这个时间选择进行充电，所有车辆都能够在泊车时间内自主预约就近的维修保养中心，由车辆自助前往接受服务并支付相应费用。

自动驾驶汽车因为与交通系统联网，统一控制出行，因而几乎不会发生车辆之间的碰撞或其他事故。而自动驾驶的汽车一旦遇险，控制中心会第一时间了解到车辆及车主的情况和信息，安排救援、保险并协调相关部门前往救援，同时反馈给路线上其他车辆这一信息，让车流避开事故发生地，避免事故情况变得更加严重。全球定位的服务系统让汽车的安全保障更上一层楼，无论汽车处于何处，都会有人去救援。

三 移动汽车时代租赁共享效率高

汽车的租赁和共享能够省去汽车购买和维修给车主带来的困扰，所以，出行选择租赁汽车或选择共享汽车成为更加便捷的交通解决方案。

汽车租赁和共享让消费者在平时不需要负担成本，移动网络的大面积普及又让预约车辆出行变得非常容易。拥有私家车的车主在不使用自家汽车时可以通过租赁平台或社交网络将汽车转租给别人，让汽车的使用效率变得更高，自己还能获得收入。

在自动驾驶时代，将实现汽车的“可拼接”，汽车间可以通过机械连接成更大的个体。一个人有一条出行路线，就有一个车辆单体在路上跑，如果有第二个人与他的出行路线重合，系统可以操纵两辆汽车单体拼接而成一辆功能更多、空间更大的汽车上路行驶（见图 4.4）。同行者更多，汽车单体可以拼接得更多，交通资源的使用效率变得更加合理，消费者享受的空间更大，服务也就更加舒适。今后的长途出行，很可能是一个咖啡厅在路上跑，也可能是一个健身房在路上跑。想要怎样的车内环境和在路上需要怎样的空间，只需要一键定制。

图 4.4　可拼接汽车

（图片来源：造价 1120 万美元超级公交车抵达阿联酋）

总的来说，驾车体验变得更加高效便捷，互联网汽车为人类提供的服务更加高效快捷。人们的时间被节省出来，汽车也成为人们除了家庭和办公场所的第三空间，“人开车”不仅会变成“车载人”，更会使人们享受汽车提供的高效便捷的优质服务。

04 Section 多变的空间展示

智能汽车将使用更多的软件来辅助甚至替代传统车辆的核心硬件来为人们的驾驶出行服务。所以说，苹果、谷歌等软件商将成为汽车主要的“制造商”，并不是空穴来风。不断在试水的车载软件和智能操作系统告诉我们，谁先抓住互联网汽车的产业革新，谁就能掌握未来市场的发展动向，为乘客提供更佳的汽车使用体验的同时给自己创造更多的利润。而这个方向，无疑便是人类终极的移动空间。

一　车辆外观动态改装，出游聚会各不同

在前面已经提到，未来的汽车将由消费者个人进行设计、定制，每个人都是汽车设计师，每个人都能拥有随着自身喜好进行变化的汽车，而车辆也变成了能够体现车主个人性格的“名片”。

随着个人通过互联网移动端定制汽车的普及和行业服务体系的不断完善，可能某一辆车出现在路上，人们根据汽车外观装饰的特点就知道是谁的车来了，而且可以以此判别其个性爱好。个人根据自身喜好对汽车的定

制俨然塑造了一个个差异化的汽车品牌，既能体现个性，又显得充满趣味。

除此之外，车辆在体现不同车主的不同个人风格的同时，还可以动态满足人们在不同场景下对汽车外观进行改变的需求。这一切将由软件来辅助硬件完成，在未来，汽车的外观将单独由一个软件控制，对软件发布指令，就能够随时改变自己车辆的外观（见图 4.5）。

图 4.5　随时可变的汽车外观

（图片来源：兰博基尼跑车）

比如，当车主认为明媚的春天到来，需要适合郊游的车辆装饰和外观的时候，便可以操作软件通过互联网向生产服务中心提出需求，如果得到服务商的确认，接下来车主可以根据自己的时间并结合系统给出的时间做出选择、进行预约，智能车辆会自动在相应时间前往服务中心进行外观和装饰主题的更换并自动结算。

不过，如果构成汽车的各部分都得到模块化的布局，汽车就不再需要每次都通过服务商改变外观了，汽车可以完成在不同外观模式之间的转变。比如，在下班回家的路上要到幼儿园接子女放学，车主可以通过软件一键启动汽车主题更换，汽车外观各部分模块便迅速进行响应，转换成容易被自家孩童辨认的模式，让汽车摆脱千篇一律的标准化汽车外观。之后若是要到朋友家参加聚会，同样可以将自家车辆切换到聚会模式，汽车外观会重新布局，转换为活泼与欢快的风格，让人和车都能融入派对的热烈气氛中（见图 4.6）。我的移动空间，自然要有我想要的特色。

图 4.6　丰富多彩的汽车内饰选择

（图片来源：汽车内饰）

二　汽车内部空间一键变换

在 Volvo 给出的 2025 年出行方案中，由于智能驾驶已经能够代替人们完成较多的驾驶工作，因此不仅驾驶员变成了一项兼职工作，可以由任何人来监控机器完成驾驶，而且传统的车内空间得到了巨大的颠覆。

由于未来城市的布局变大和人们出行需求的增加，人们在路上消耗的出行时间和出行距离可能会相对变长，汽车作为承载和运输工具将在更长的时间内陪伴人们。因此，怎样把汽车打造成一个往返于家庭和工作等多个生活场景的第三空间，来满足人们的不同需求，成为汽车车内空间的主要任务。

在 Volvo 给出的设计中，车厢被设计师用现代技术改造成给学生用的教研室、小型图书馆，给旅行者用的起居室、生活空间，给上班族用的健身房、办公室等。而在智能汽车时代，这些功能都将能够通过软件操作汽车模块随时拼接、随时应用，满足人们的不同需求。

从家庭出发，美好的早晨我需要一个跑步的地方。在车载控制系统中选择内饰的风格为健身房，结合虚拟现实技术营造的视觉效果和模拟出来的自然风效果等，可以实现让乘客在车内享受和在公园内跑步一般的舒适服务。

同样地，出差在路上时恰好有个视频会议，可以在车上切换为办公室模式，组成汽车内饰、空间的模块将自动拼接，组成一件移动的办公室。通过智能汽车的通信功能让乘客在旅途中享受像办公室一样的环境。“身体或者心灵，总要有一个在路上。”有了这项功能，可以做到随时在路上，又不耽误自己的事业。

到了下班，要去接妻子一起共进晚餐，可以通过软件一键转换汽车空间风格为浪漫的约会模式，接到妻子上车后，两个人能够在车内的“桨声灯影里”诉说彼此一天的感受。

可定制的车内空间带给人们如此多的便利，因为被称为“终极”的乘用体验。但要实现这些便利还要依靠更多的系统软件来辅助汽车核心硬件，如模块化的操作系统、数据的分析处理响应软件等。

05
Section

从百度无人车看中国的自动驾驶

2015 年年底，百度无人驾驶车（见图 4.7）从位于北京中关村软件园的百度大厦附近出发，驶入 G7 京新高速公路，经五环路，抵达奥林匹克森林公园，随后按原路线返回，在往返全程中实现了多次跟车减速、变道、超车、上下匝道、调头等复杂的驾驶动作，实现了进入高速到驶出高速、汇入车流到离开车流的不同道路场景的切换，测试最高时速达到 100 千米。百度无人驾驶车在国内首次实现了城市、环路及高速道路混合路况下的全自动驾驶（见图 4.7、图 4.8），标志着中国无人驾驶车的发展进入里程碑的新阶段。

图 4.7　百度无人驾驶汽车首次路测

（图片来源：苹果园网站）

图 4.8 百度无人驾驶汽车首次路测

（图片来源：新浪科技）

一 互联网公司怎么参与汽车自动驾驶

百度无人驾驶车项目于 2013 年起步，由百度研究院主导研发。其核心技术是“百度汽车大脑”，包括高精度地图、定位、感知、智能决策与控制四大模块。百度董事长兼 CEO 李彦宏说：“对于车来说，一旦进入到自动驾驶状态后，它其实是电脑在操控一个有轮子的工具。所以本质上它就是我们的菜。”

《汽车商业评论》认为，从战略角度考虑，自动驾驶虽然还处于发展阶段，但无疑是具有巨大潜力的市场，先进入这个市场占个位子以观时机。在中国，百度拥有地图的绝对优势，其自主采集和制作的高精度地图记录完整的三维道路信息，能在厘米级精度实现车辆定位，这是实现自动驾驶必不可少的条件。百度作为中国三大互联网巨头之一，虽然没有驾驶数据的积累，但也不会甘心只做地图供应商。

百度利用其在地图、软件开发、搜索、算法方面的优势与车企合作，一旦占领了直接与顾客打交道的“口”，也就是价值链的最高端，那么在获取数据的同时，还能为用户提供附加服务。长远看来，这才是最有价值和利润的。而对于车企来说，车企自主研发的成本过高、时间太长，也需要与互联网科技公司进行优势互补。

百度在 2015 年 12 月 14 日成立自动驾驶事业部，百度高级副总裁、事业部总经理王劲表示，百度将携手零部件厂商、整车制造商、出行服务商以及相关政府部门、协会等组织，一起构建“智慧出行”生态。奇瑞汽车董事长尹同跃、比亚迪董事长王传福也受邀成为百度自动驾驶顾问，若能达成双赢的效果，对中国的汽车自动驾驶都是极为有利的。

王劲称，百度将聚焦于自动驾驶汽车的技术研发、生态建设与产业落地，计划三年实现自动驾驶汽车的商用化，五年实现量产。这三年的商用在一定区域内，选择 10 个左右不同的城市和示范区进行。然而，根据各研发机构最乐观的估计，全自动驾驶汽车或者说无人驾驶汽车至少要到 2025 年才可能真正实现。谷歌的无人驾驶汽车也并未宣布一个商用化时间，《汽车商业评论》表示，百度“三年商用化，五年实现量产”令人感觉到，要么这次中国人是真正领先了，要么就是在“放卫星”。根据一则微信调查，仅有 6%的人认为，“三年实现自动驾驶汽车的商用化，五年实现量产”的计划能实现。

清华大学汽车工程系主任李克强教授在常州“智电未来——2015 汽车产业国际投资论坛”上表示，互联网企业的创新精神值得车企学习，但智能网联汽车是一个复杂系统，需要一定的积累和对数据的精确把握，仅靠互联网企业短期内是做不起来的，真正做到跨界融合才是未来的出路。

二 自动驾驶汽车要实现商用和量产，还有哪些路要走

首先，传感器、激光雷达、信息处理系统和芯片技术在自动驾驶功能中扮演着极为重要的角色，其成本和售价也十分高昂。比如谷歌的无人驾

驶汽车采用的威力登（Velodyne）公司研制的64道激光光达系统，价格在7.5万～8.5万美元。百度无人车设备自然也要价不菲，车顶的装备就达六七十万元。高昂的成本使市场接受度和渗透率成为一个大问题。

其次，自动驾驶要在车联网铺就的技术路线上前行。实现车与车、车与基础设施之间的信息通信，即V2X技术，只有这样才能更显著地改进车辆运行，降低交通事故、提高驾驶安全。由于我国幅员辽阔，交通环境复杂，交通基础设施又较为落后，实现V2X装置的覆盖也不是一件容易的事情。

最后，国家的相关政策法规环境，关于通信标准的建设、政策调整、交通系统改革都需要时间来过渡。根据波士顿咨询公司发布的一份报告，根据对市场经济效益的分析，预计2025年首批全自动驾驶汽车将正式上路，而对于中国来说，这一时间也许会更晚。自动驾驶汽车最理想的状况是处于最大网络或者车队中，与网络内其他成员分享数据并从中学习的汽车。这就是需要大量的数据和极快的数据传输速度，还需要人们的意识和态度对于个人隐私的问题做到比较高度的开放。

以此三点看来，自动驾驶汽车实现商用和量产，还需要产业链各环节共同发力，政府部门的大力支持，以及消费者的普遍接受。我们也希望看到百度能够真正在国际舞台上为中国出彩，让人类更早享受先进的智慧交通、智慧城市。

第 5 章
Chapter 5

终极移动空间的平台体验

01 Section 多信息渠道——终极空间的营养链

未来的汽车会被继续称为汽车吗？可能会的，但其功能已经更加贴近于一个多渠道信息的集合体了，也许称为“移动的信息端”更加合适。未来的汽车可能作为人们主要收集信息的空间，在车内驾乘人员可以完成与世界的全方位对接。

其实人们早就意识到汽车可以成为与外界联系的重要媒介了，收音机就是最好的例子。许多商务人士喜欢在车内收听晨间新闻、处理邮件等，未来汽车将会通过更多的渠道搜集外界的信息供人们了解和处理。“终极”此时体现在多维度、全同步的信息服务上。

一 汽车——互联网的新端口

未来的汽车将是互联网的重要端口，互联网也是汽车获取外部信息的主要途径之一。未来的汽车将如何高效地获取互联网信息并实时反馈给车上的乘客呢？

汽车如何接收信息已经在之前的章节中描述过了，大致就是如同现在的智能手机一般，通过高速的无线网络接收，例如通过“多 G 网络”进行数据的传输，来接受网络的信息并通过车载系统实时反馈给乘客。这些信息可以包括新闻、娱乐以及邮件等，并且由于设备更加复杂的配置，其接受信息的速度与量也将大大超过手机。

由于未来汽车将扮演一个共享出行工具的角色，互联网云端账号的应用将成为必须。即每一个乘客都会有一个自己的账号，里面会存有乘客的订阅项目，只要登录并打开车载系统，乘客就可以收看到自己需要的内容了，方便高效。

二　车轮下的信息源

除了互联网，汽车车轮下的道路也将是未来汽车获取信息的重要渠道之一。由于汽车在未来要实现车与道路的互联，道路的实时信息也将时刻通过无线网络传输到汽车的系统上，包括路况与事故等。当然道路周围的店铺也会时不时地来“骚扰”汽车，例如周围的维修店铺以及餐厅、商场等的推送信息。

有些道路的信息是通过道路自动发送，而有些则需要由其他的辅助部门提供。比如未来的智能道路可以将道路的拥堵情况实时反馈给乘客，乘客便可以知道任何时刻的道路情况并由车载系统自动选择最佳行驶路线，另外一些与道路相关的执法部门也可以将各种突发情况实时告诉车主，为他们提供绕行方案。

此外，道路旁边的维修店与餐厅也会发送相关的信息给乘客进行宣传（见图 5.1），当然令人头疼的广告信息将成为推送中的重要内容。

图 5.1 周围店铺发送信息

（图片来源：车联网领域现“创投热”）

三 “对话”同路车

未来的汽车也将需要实时感知自身周围车辆的信息，例如在一定距离范围内的车辆距离、车速与行驶轨迹。当然未来的汽车可能也会成为一种被普遍应用的社交工具，不同车之间可以直接或间接地进行对话沟通，汽车作为社交工具的同时还会附带许多软件应用，使陌生人变得熟悉，使朋友之间的距离更近。

四 整车厂——您的全天候行车助理

未来互联网汽车的另一数据渠道会是整车厂或汽车自己。移动互联网时代的整车厂会通过无线电波和全球定位系统时刻帮助用户照看爱车，而汽车本身又可以通过一系列的零部件数据收集与分析时刻了解自己的“身体状况”，一旦出现异常，汽车将自动发送警告给车主，提醒车主注意并给出初步的评估与解决方案。

除紧急的汽车安全报告之外，整车厂也会定期提供汽车的“体检报告”，在每月或每周将保养与维修的建议发送给车主，并把一些关于汽车的相关配件数据发送给车主，制定保养计划，为车主提供主动的售后和养护服务。

02 Section 便捷的线上服务

未来，汽车业提供的线上服务将全面取代传统的线下交易（见图 5.2），如今淘宝、京东等电子商务平台让传统的店铺和消费品牌遭遇的重大打击便是很好的例证。相比于传统的线下交易，线上服务不仅方便，而且通常因省去较多中间环节使所售产品的价格相对较低，更是让一些新鲜的“淘品牌”快速占领了比较大的市场份额，这些“淘品牌”借助电子商务的发展甚至让联合利华、宝洁等传统的快速消费品公司深感危机，许多传统的实体店铺也纷纷加入了电商大军。所以在未来的汽车市场，线上的渠道也会自然成为主流的交易方式。

图 5.2　线上交易

（图片来源：汽车电商需要更好的商业模式）

通过线上平台，每个消费者、每辆车都会有一个独立的账号，消费者可以在家中即可使用自己的移动端，根据喜好、车型等享受一站式的服务预约、申请支付以及价格比对等服务。

一　售后不等位，线上排好队

未来的汽车维修与保养将通过线上的形式先预约，再到店进行实际维修。可能的线上平台可以是第三方的维修保养门户网站，也可以是汽车企业独立运营的平台，或是售后连锁店的官方网站等。

线上交易的一大突出优势就是无需排队等位。因为通过线上预约，车主可以预定某个属于自己的服务时间段，而不是到店进行排队等待。而店家也可以通过预约的信息来提前获悉该车的配置与状况，为后续的维修做准备。例如店家可以提前知道需要更换的零配件是什么，从而提前在生产厂家处订货，而不会出现零部件库存不足影响维修进度的情况，这样就减少了维修过程中的等候时间，也能很好地提高维修服务质量。

二　汽车绑定，全生命保养记录

就像前几个章提到的一样，通过线上服务，汽车每次的维修保养会留有相关的记录，汽车在将来也会拥有自己的电子“病历”，它包括了原始的配置、厂家和性能参数，也包括了这辆车所做的一系列保养与维修记录，包括了具体的保养维修项目以及是在何地进行的。未来的车主只要使用自己的账号登录，爱车的相关信息便一目了然。

例如，当汽车进行了小型保养，例如机油更换时，相应的线上记录会新增机油更换的时间、机油品牌以及保养店名称等信息。这样的记录不仅有助于将来同类维修的进行，对于之后的二手车买卖也意义重大，有了这些记录，二手车的估值也可以变得更加准确直接和简单高效，买家也会对汽车更加信任。

三　平台整合，通观全局

消费者会在以后利用更多的互联网平台来进行汽车相关业务的交易。例如租车、保险、改装等。口口相传以及原厂推荐在消费者那里似乎将不再流行，因为大规模的线上平台的整合作用，消费者可以轻而易举地完成对各个厂家车型间的比较，其优劣特性也无处隐藏。在汽车销售环节的信息不对等问题将被根除。

当消费者产生租车需求时，他们会直接找到相应的租车门户网站或移动设备上的应用程序，这些网站会列举各个公司的车型以及实时租车价格，当然也会包括之前用户的使用评价，这样，消费者就可以很方便地知道每个租车公司产品价格与服务质量，所有的相关信息也都透明化了。例如中国境内的神州租车，甚至可以通过支付宝平台在相应工作时间内进行互联网订车。同样这些平台也会使用于保险、二手车等其他汽车后市场服务。

03 Section 移动大数据——打开“终极空间”的钥匙

我们都知道，互联网企业已经不只做互联网了，苹果开始造车，Facebook 开始做穿戴式设备，阿里甚至开始玩足球了。在未来的移动时代，汽车业的商业模式是否也会出现翻天覆地的变化呢？整车厂是否仍将以造车为主要业务呢？显然未来的汽车业商业模式变数仍然较多。汽车这一传统通勤方式要成长为人类终极移动空间，还要在大数据上多下功夫。

未来的汽车将迎来全面的大数据时代，将全面以消费者为中心，实现生产，销售与售后全面“以人为本”。

一　从生产到售后，全听消费者的

未来的消费者是汽车行业真正的“意见领袖”，汽车的整个产业链，从生产、营销、使用到售后，每一个环节都将遵从消费者的意愿（见图 5.3）。

在生产过程中，消费者将主导汽车的设计与生产，未来的整车厂在汽车设计上将逐渐失去话语权，而只是生产“消费者构想”的生产商，例如，在未来，将会有专门的汽车设计线上平台，消费者可以在智能设计软件的辅助下根据自己的喜好来设计汽车，相应的工厂就会利用 3D 打印技术，通过将“汽车”打印出来的方法实现消费者的想法，并且汽车将自动开到消费者的门口。

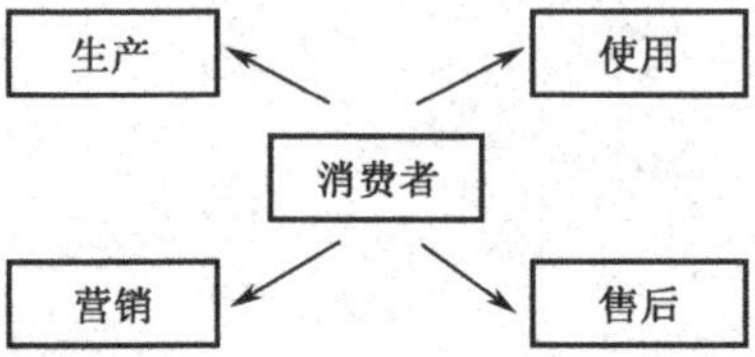

图 5.3 遵从消费者的意愿

未来的营销也可以做到为各种特定的客户群精心设计，通过大数据的方法，各个汽车相关产业链企业可以准确把握产品的潜在客户，以及这些客户的习惯爱好，包括最喜欢的营销内容与营销手段，实现所有的营销都准确围绕消费者，达到营销目的，节约营销成本。

而在使用过程中，消费者的地位同样是至高无上的，未来的汽车就像是读取车主心理的庞大数据库，时刻为车主进行贴心的服务。例如，汽车可以时刻为消费者计算前往目的地的最佳路线，确保消费者可以安全到达目的地；在车内，汽车通过以往的大数据分析，时刻为消费者提供最适合消费者个人的车内环境，包括温度、灯光等。

汽车后市场在移动时代也会从“厂家建议导向”转变为“消费者需求导向”，在将来，每辆汽车对于自身每个零部件的状况都会时刻了如指掌，每一辆汽车都能通过车载计算机收集车况数据后分析得出何时需要保养并且评估各个项目的需求，这些需求会发送给消费者进行确认，汽车大数据也会根据消费者的收入、习惯以及车型配置协助其制定完美的保养计划。

二 大数据的一天

在汽车大数据时代，一个典型上班族的一天可以变成这样：

7:00 洗漱完毕，汽车早已停靠在路边，汽车可以通过车主起床时间准时到达车主的住处。

7:10 车主上车，这时，汽车根据车主前一天的下班时间、睡眠质量的测量，以及天气情况、车主喜好等，通过大数据的计算，已经调好了适宜的车内温度和座椅的软硬度，并且前往汽车餐厅准备好早餐，当然这是通过车主体内的各项指标计算得出的最佳营养早餐。

7:15 汽车出发了，因为是工作日，汽车早已设定了计划的目的地，而且根据各个道路的拥堵情况与距离，利用大数据计算出了最快的路线，舒适的上班之旅开始了。

7:20 由于自动驾驶，车主可以空出双手，可以休息也可以工作，车载大屏幕或虚拟系统可以显示邮件、股票信息以及新闻，当然如果车主希望放松，汽车就会根据车主之前的喜好编排出合适的曲目供车主放松心情。

7:55 通过大数据路线的选择，汽车已经安全将车主送达办公室，并且车主不需要担心停车问题，汽车能够自动行驶至停车场。

12:30 午饭过后，车主收到汽车发来的邮件，列出了汽车的车况分析报告并询问是否需要保养。原来，车载计算机根据汽车车况电子数据的分析得出今天是时候该给汽车进行保养了，因此及时向车主提出了保养建议。如果车主这时选择了保养选项，汽车就会根据车主以往的消费记录推荐出几个店铺信息，包括价格、评价等。车主选定之后，就自动前往保养了。

14:00 当车主开始下午的工作时，汽车也已经到达了指定的维修保养店铺进行保养。首先汽车对接店内系统，提交了保养的选项与产品偏好。接着汽车就进入了“美容”时间，在美容过程中，汽车还会记录所有的保养细节，记录各个流程，并检测保养是否到位。当汽车完成指定的保养后，通过汽车钱包支付离店。

16:00 忙碌的下午过后，汽车发来邮件询问车主下班时间，车主这时可以确认早些时候与车辆的预约。

17:00 忙碌一天过后，汽车已经在办公室门口等候车主了，这时车主突然想约几个好友进行小聚，于是坐入汽车直接通过语音向车载计算机下达指令，计算机通过汽车社交软件定位显示车主好友的位置并发送约会请求，并且汽车可以通过大数据计算对之前常去餐厅的记录以及各个好友的地理位置推荐出几个适合的餐厅，待车主选择后，汽车直接发送订餐信息联系餐厅，并将菜单显示在屏幕上，同时根据大数据分析车主和好友们的口味给出点菜建议，车主直接在车上就完成了点菜，让餐厅厨房可以提前开始准备烹饪。

18:00 朋友聚会开始了，汽车也识趣地停到附近停车场，等候车主的命令。

20:00 朋友聚会结束，车主拖着疲惫的心情坐上车，这时候汽车弹出了按摩选项，是的，未来的汽车座椅完全可以完成专业级别的按摩服务，通过车主呼吸、心跳以及车主的坐姿，汽车可以为车主提供最合适的按摩项目，让车主在回家途中消除疲劳。

21:00 车主安全到家，汽车在与车主道别后询问第二天的计划，车主确认了计划后，汽车才安心离开回到车库。

23:00 车主已经入睡，而汽车也开始进行这一天的数据整合分析（见图 5.4），为第二天做好准备。

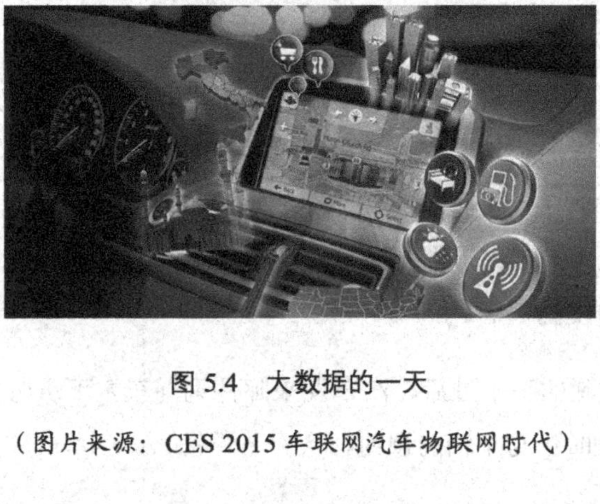

图 5.4 大数据的一天

（图片来源：CES 2015 车联网汽车物联网时代）

04 Section 多平台体验——“终极”空间的多重形态

移动汽车时代的商业模式，通过传统买和卖的方式来赚取利润将变得越来越困难，B2C 的销售模式会被更加灵活的 C2C 模式打破，也就是说每个人都可能成为独立的销售体，互联网的资源将更高频率地被人们使用而不再需要现在 4S 店模式的分销商。一部分有预见性的分销商和经销商通过各种互联网汽车平台来进行交易、支付，并通过自媒体“自营销”的个人一起占领汽车商业市场。而 4S 店的售后服务和维修保养等功能将随着车联网技术的普及获得新的诠释。前文已经介绍过，占领汽车最多利润空间的汽车后市场将被一种主动提供的、由车辆自动完成的模式替代。

互联网对整个汽车商业模式的改造，也体现在对汽车共享、交换和二次买卖的影响中。在移动汽车共享中，共享车辆的所有者将变成现有的整车厂制造商。除一部分生产中心会主要接受消费者个人定制的车辆制造业务外，另一部分整车厂将变为共享和租赁用车的制造商，并且拥有这些车辆的所有权。而拥有个人定制的私家车的车主，可以进行与他人进行换车，例如将要参加聚会时，车主可以通过互联网平台与拥有“宴会”风格车的车主进行车辆交换驾乘。在汽车二次买卖的方面，互联网不仅会提供这辆车的目前信息，车辆在二手出售之前的使用情况和信用记录都会同时呈现在交易平台上，以提供给消费者参考。二次买卖的环节同时能够高效地完成交易任务。一旦双方交易手续达成，互联网会实时更新车辆信息，汽车便能在新车主的远程控制下为驾驶员提供服务。

一 消费者自己开汽车“微店”，开创 C2C 模式

卖车的只能是汽车生产商或是经销商吗？现在也许是，但未来或许每一个人都可以设计出自己认为完美的汽车，同时开店出售给其他消费者，对，不是汽车模型，而是真正的汽车。

未来将出现汽车 C2C 业务，许多车主可以通过社交平台在自己的朋友圈中贴出自己设计的汽车，并通过 3D 网页技术进行全方位的展示，而对设计认可的客户则可以直接对相同车型进行下单，当设计者看到下单后，就可以将汽车的设计结构上传到相应的制造平台，通过汽车制造厂进行生产并交给订购者了，如图 5.5 所示。

图 5.5 定制化汽车

（图片来源：Audi 2Lip：Futuristic Vehicle for Elderly People in 2050）

这样的微店将在未来层出不穷，而传统的汽车设计也将不复存在，取

而代之的是消费者之间的 C2C 业务模式，这个模式的优势在于比传统的大规模设计更加了解消费者，因为这些业务的主要对象将会是设计者的朋友或家人，而朋友或家人往往要比设计师更加了解买家的喜好。

受可定制概念的影响，越来越多的私家车购买者倾向于量身定制自己的爱车，并更换不同的风格。在这种情况下，未来的整车厂将一部分功能用于为用户提供可定制的服务，摇身一变成为生产制造中心，帮助消费者设计、定制自己喜爱的车辆；另一部分功能保留，批量生产用于汽车共享和租赁的“标准”车辆，并拥有汽车所有权。

二　用户间的换车平台

假如你现在拥有一辆跑车，拥有超级马力与炫酷的外形，但不巧的是周末你需要带上许多朋友去野餐，然而给你带来无数“荣耀”的爱车却只有两个座位，那么你是否会选择暂时放弃跑车而租一辆大型的 MPV 呢？

在未来，这个问题可以通过用户间的换车平台轻松解决，这个平台整合了千万车主，他们拥有各种不同风格与功能的定制车，并且可以定期发布自己的换车需求，例如将自己的 SUV 与他人的轿车交换。而如果有对应需求的车主，两辆车就可以达成协议进行交换，免费满足两位车主不同的出行需求。

当然这个平台还要保证换车的可靠性与安全性，这就要求换车前平台可以对双方的信用有详细的记录与分析，在换车过程中有实时的监控与记录，以及换车后有相应的事故追责体系进行保障。

首先这个平台可以建立一套类似用户信用评级的体系，将各个平台上的车主进行信用评分，这样每个有潜在换车需求的车主就可以根据以往的换车记录决定是否与对方进行换车。其次，这个平台还可以要求每一个用户预交一定数量的保证金，这个金额可以在未来弥补换车过程中的损失并约束平台用户。

有了这个换车平台，车主想体验不同风格的汽车就变得十分容易了，不会产生额外的费用，并且由于自动驾驶与移动 APP 的诞生，车主也不用担心自己无法适应新车的驾驶。

三 公用车租借平台

未来的道路显然不会被私家车独占，同时，一些环保人士依然也会继续“拒绝拥有私家车”，那么，如今的公共交通体系在未来会进行如何的演变来迎合消费者移动出行的需求呢？

以后的公共交通也许更加类似如今的拼车体系（见图 5.6），这些公用车可以由政府或大型租车公司拥有并配合个人的使用，当用户在公用车平台进行下单后，公用车平台的大数据系统可以对这些地点进行匹配，将顺路的消费者进行连线组合，达到汽车资源配置的最大化。

图 5.6 拼车

（图片来源：CES 奔驰 F015 Luxury in Motion 概念车自动驾驶豪华轿车）

相比私家车，公用车不仅具备了价格便宜的特点，而且因为未来的汽车拥有强大的社交与娱乐功能，公用车也可以成为交友的良好平台。

四　移动平台的跨屏互联

在移动汽车时代，车载显示屏、智能手机屏和 PC 端显示屏会被交叉应用到汽车商业中。多屏互联带来的便利是，传统汽车行业链条中各个成员的身份不再明确，消费者同时可以成为租赁和共享汽车的所有者、二手车辆买卖的销售者；作为制造商的整车厂可能直接将产业链延长，成为集汽车定制、网络销售、售后服务和汽车共享的多功能服务商。

以共享汽车为例，现在共享汽车的所有权一般归运营公司所有，在移动汽车时代将主要由整车厂和个人私家车主掌握大多数租赁汽车的所有权，而汽车共享公司或租赁公司往往只需通过互联网来经营一个平台，来整合、调度和配备共享汽车资源，并处理紧急事件，像中介一样，只需通过互联网设备就能掌握整个车队的信息。

如用户 A 拥有一台私家车，在闲暇时间可以通过车载显示屏登录这一平台，将车辆信息进行登记，在这段空闲的时间内就能够将车辆转租给他人，提高车辆的配置效率。

第 6 章
Chapter 6

未来终极移动空间的互联网设计

01 Section 汽车大数据设计：终极空间的营造法式

汽车设计师是世界上最酷的职业之一，他们不仅在新车发布时是场上的焦点，而且拥有不错的薪水。然而对他们来说，未来似乎有些不确定，因为很有可能这个职业中基础的工作会被大数据科技所取代。换句话说，大数据可以通过收集特定客户对于汽车的偏好，并将这些特点集中体现在未来的新车型上，于是大数据将汽车设计的主动权从设计师手上转到了消费者手上。

如同顶级的衣物定制品牌一样，汽车也绝对有可能利用大数据进行设计来更加贴合消费者对汽车性能、驾驶体验等一系列的要求。而要完成大数据汽车设计，首先得解决三个问题，即数据收集，数据分析以及数据应用。

一 数据收集

大数据的第一步是收集数据，毕竟有了可靠且大量的数据之后，大数据造车才会成为可能。

数据来源之一为汽车的车载系统，先进的汽车制造厂商将对未来生产车型中的车载传感器进行改进，通过远程控制管理软件收集大量数据，这些数据将在很大程度上拉近消费者和汽车制造厂商之间的关系。例如整车厂可以收集故障率最高的几个零部件以及其故障起因的数据，或者是大部分驾驶者驾驶习惯相关的数据等。

数据来源之二为通过社交网站收集人们对汽车设计的偏好，例如福特的工程师们正在研发的新车型 Escape SUV，就将采用从社交网站上收集到的数据。福特在社交网站上展开了关于新车型是使用手动后备箱车门还是自动后备箱车门的讨论。参加讨论的网友看起来更喜欢自动后备箱车门，而工程师根据这些数据可以对自己的设计更加自信。

还有其他数据来源，这里不再赘述。

二 数据分析

众所周知（这里的大众指的是关注互联网发展的人），大数据只是一种数据资产，如果要这些资产产生收益，必须对这大数据进行分析，而如何利用这些数据资产，使之能成为整车厂可以利用并且反作用于汽车设计则是现在整车厂数据部门的首要问题。

大数据分析的一般步骤包括可视化分析、数据挖掘算法、预测性分析能力、语义引擎以及数据质量和数据管理，其中涉及大量的专业大数据分析方法例如导入与预处理、数据挖掘等，简单来说，大数据分析就是将大量的原始数据导入至处理的软件，这些软件进行一系列的既定算法对大数据进行计算分类，得出有效的并且被人们理解的结论（见图 6.1）。

图 6.1　大数据分析

如果要一个半外行的整车厂进行如此专业化的数据分析，不仅要耗费大量人力和物力，其结果也很难达到整车厂对于这些数据结果的期望值。所以，整车厂通常会与专业的数据处理公司进行合作，或者成立相关的数据分析子公司，为大数据分析提供有效的方法论。

例如福特启用诸如Hadoop这样的开放源工具来管理数据，还使用了与文本和数据挖掘相关的其他应用。福特位于硅谷的研究室从福特已销售出的 40 万辆汽车中收集数据，所有收集上来的数据都会被实时分析。通用公司从安吉星系统中（安吉星为通用的子公司）收集客户数据，这些数据能有效降低消费者的汽车保险费用。

三 数据应用

在得到了有关的大数据结论后，将大数据进行应用到实际的产品设计中就变得相对简单了，例如，如果数据显示超级跑车的用户偏爱特定马力段的跑车，那么未来的产品设计就可以偏重特定马力段的车辆来满足市场上客户的爱好。

但即使大数据得出了准确的市场结论，其应用上仍然至少有两个缺陷。

第一，从数据收集分析再到新的整车的研发完成，往往需要几年的时间，如此产生的市场滞后性可能会使设计出的新车刚发布便过时了，如当初追求个性化消费现在趋于考虑三口之家出行的实用性；三年前智能手机普及度远低于现在，而现在有些老款汽车还没有 USB 插口；三年前的油价不能跟现在同日而语，燃油经济性就显得尤为重要。

第二，如今的市场营销已经不只是侧重于仅满足用户的需求了，而是如同苹果公司一般去创造需求。换句话说，满足用户需求的产品可能已经不再是真正的最能吸引客户的产品了，因为他们可能会被其他竞争对手新的产品特性吸引，而产生新的产品需求，并且过于注重对于需求性数据的契合也会导致整车厂创新能力的下降，使其产品跟不上时代发展。

02 Section 终极空间的驾驶设计

随着移动汽车业务的革新，国际车厂巨头已纷纷推出建立在车联网上的汽车驾驶系统。例如，宝马“Connected Car”“iDrive”，通用“OnStar”，丰田“G-Book”等。中国国内的车厂也有超过30%的企业推出了自己的车联网驾驶系统。目前，上海通用汽车已标配安吉星系统，服务旗下的全部车型；上汽荣威350的高端车型上配置了“Inkanet”系统，以及现已成功开发的第二代产品“iVoka”；长安汽车将推出的“Incall”系统配置于自主品牌乘用车型上；一汽集团2011年发布的“D-Partner”系统也宣布了一汽自主品牌乘用车跨入了车联网大军的行列。

移动汽车业务给汽车驾驶带来的全新模式，还体现在汽车成为新的移动终端上。经济比较发达的欧美国家的调查数据告诉我们，有近70%的电话通信是在汽车中完成的。而现在有越来越多的汽车用户正在依赖汽车上的移动终端，并实时从中获取路况信息和其他帮助。这说明汽车电子化已渐成气候，汽车正在成为一个大的移动终端。

和传统汽车业务相比，“移动”给消费者带来了巨大的便利：释放双手，提升社会生产效率，用科技消除距离和通勤时间带来的浪费；车内多屏娱乐互动，汽车成为终端；车内系统实现远程控制，如提前开启冷气，智能停车和接送等，“人开车”正在变成“车载人”，驾驶员将更加享受汽车服务。

一 “汽车终于赶上马车了 !”

汽车赶上马车，是 2007 年年底东京大学名誉教授山崎弘郎先生在接受采访中的感言。

回顾汽车产业百年的发展，汽车虽然在机械指标方面，遥遥凌驾于马车之上，然而直到汽车开始利用电子通信技术，以及配备雷达、GPS、无线通信等多种传感器，获取对外通信能力后，汽车才开始被“赋予生命”，具备了马一样的“感觉”和“智慧”，并逐渐成为人们往返两地途中的又一生活空间。

驾驶员驾驶将变得方便而容易。车主坐进汽车内，只需发出简单的语言指令，一旦指令被语言识别系统与已存储的车主声音进行比较确认，就能相应地操纵汽车启动、换档、起步甚至转向。不要担心自己的“官话”够不够标准，越来越多的汽车企业在将各种语言和语言环境录入相关的系统中，在车内可以“任性”地和自己的爱车用方言沟通。

通过平视系统，在前风窗玻璃上可显示出车速、发动机转速、油位等重要行车信息。这套平视投影系统还可以提供电子邮件、电话和文字等网络信息，真正实现“跨屏互动”。

在公路上行驶时，打开自动驾驶系统，汽车进行自动变速、转向、减速、加速、发灯光信号等并与周围车辆保持一定的车距。

考虑到人们对通信的更高要求，车载的卫星天线可以通过卫星保持全球范围内的联络，在导航、锁定位置、救援及选择最佳的行车路线等方面有着优秀的表现。

具有移动业务的汽车把语言识别、无线通信、全球卫星定位、平视系统、Java 技术、多微处理器、网络技术、因特网等诸多高新技术融合在汽车上，力求解放驾驶者双手，用科技消除距离和通勤时间带来的浪费，提升社会生产效率。

是不是感觉汽车也拥有智慧了？

二 汽车“手机化”

汽车变成手机，听上去非常不可思议，但车上配备的高速光导移动式传媒连接器能连接到互联网，并有客户的网址及个人数字处理系统及更先进的通信总线。在某些方面，汽车能带给用户超出手机的体验。

现在很多车载系统已经使用 iPhone 的 iPod 功能作为最主要的数字音乐服务形式，而 USB 和 A2DP 蓝牙立体音乐接口等早已出现在现代汽车装配单上。而通过智能手机数据运行的互联网广播也表明了汽车手机化的趋势。

智能手机在导航方面也因其价格影响力给汽车带来了很大的便利，而许多以汽车为中心的应用，包括对车锁、空调、引擎启动进行远程控制的应用，智能手机占有很大的市场。

通用公司的安吉星系统就是其中一个例子，车主可以通过智能手机对车辆进行远程操控。通过一个手机应用程序，用户就能在任何时候、任何地方对车辆的状态了如指掌并进行必要的操控——你的爱车正“毫无隐私”地展现在你的手机上。

比如你刚刚打卡上班，忽然想起来忘记检查自己的汽车有没有上锁，这时你只需登录手机应用程序输入用户名和密码，就能远程检查并发送远程锁车信号到汽车上，然后安安心心工作。这一点在自己即将外出，登机时显得更加重要。

再如炎炎夏日，你和家人在餐厅用过午饭即将离开餐厅时，你可以远程启动车辆打开空调，这样，当大家上车时，车内已经非常凉爽，也无需担心汽车在太阳暴晒下车内的空气质量问题了，是不是非常方便？

作为行车安全的重要保障，邮箱油量、燃油续航里程、机油寿命、轮胎压力监控及每升汽油平均行驶里程数将会于最近一次车辆启动后自动更新，随时为用户提供车辆健康状况报告。

虽然汽车手机化给我们带来了巨大的便利，可是在使用前仍然需要用心了解，使用时也不能对行车安全掉以轻心。

03 Section 智能出行

最短的路线是否等同于最快的路线？大部分情况是，但城市交通往往与这个理论相悖，尤其是在上下班高峰，在城市内环上行驶一千米的时间可以在别地行驶 10 倍的路程，拥堵的原因究竟是因为车辆太多还是因为太多的车选择了同一个路线？无论答案是什么，未来的汽车出行方案将大大缓解这个问题。

一 最快或最短，互联网帮你搞定

如果有一张实时更新路况的地图，道路选择一定会变得无比方便。可以预计，在出发或行驶过程中驾驶员事先知道了每条城市道路的拥堵情况，路线选择一定会比盲目凭借以往经验选择道路要来的理智不少，未来驾驶员完全可以凭借互联网以及车载系统清楚了解每一条道路情况。

首先，通过汽车互联以及汽车与道路的连接，驾驶员几乎可以知道每条道路的拥堵系数，这个想法虽然听起来有点天方夜谭，但至少有三个方法来实现。

第一，可以利用强大的卫星，据预测人类已发射超过 6000 个人造卫星，并且至今有超过 3500 个人造卫星运行在太空中，可以借用卫星对实时路况进行监测，然后将数据处理发送至每辆车的车载系统上；第二，安装道路传感器，这些装置在主要道路的传感器可以感知这些道路的热量或噪音来判断这些道路上车流量的数据，从而估计这些路面的拥堵程度，将数据反馈给汽车驾驶员；第三，这些数据也可以直接从汽车本身得出，未来的汽车互联完全可以利用车载 GPS 将每辆车的位置进行分析与记录，如果知道了每辆车的位置，要知道每条路的拥堵情况就易如反掌了。

当然未来的出行方案绝对不局限于了解每一条道路的拥堵情况，毕竟智能的路线选择才是智能出行方案的最终目的之一，未来的车载智能系统会根据这些数据（拥堵、距离等）挑选出几条路线方案作为备选，并且进行复杂的数学计算给出时间与油耗，为驾驶员的道路选择提供最完整与合理的支持（见图 6.2）。

有了智能的出行方案，不仅驾驶员与乘客可以缩短出行的时间，对于整个城市道路资源的合理利用也是有极大好处的。

图 6.2　智能导航

（图片来源：智能导航）

二 绕行交通事故，也为紧急车辆绕行

有时道路的拥堵并不是由车辆的数量所决定的，一个交通事故或突然的道路维修就可以让一条原本畅通无阻的马路变成停车场，未来通过与司法部门的合作，可以对最新的道路信息进行反馈，例如当出现车祸时，交警部门人员可以将这些数据（如地点、严重程度）进行发布，让其他车辆进行绕行，这样就避免了大量的车辆因为车祸而堵车了。

当然除了帮助普通车辆进行车祸绕行，未来的汽车互联网体系还有一个重要的功能就是为紧急车辆提供道路疏散。为了使特殊车辆例如救护车、消防车不将宝贵的时间浪费在道路上，未来这些专用车辆可以通过车载系统发布相应的需求，让更多的车辆知道其需要运行的路线，方便对这些车辆的及时避让，争取宝贵的时间。同时，高危车辆的行驶也将纳入记录列表，确保这些车辆可以更加安全地通行于车流之间。

三 车载系统会不会是下一个“大众点评”

在保证了安全性之后，车载系统的另一个主要功能自然就是娱乐，当然试听形式的娱乐已经在当前的汽车内部接近完美，未来的车载系统将提供更多的服务，而这些服务不单是人与车双方的互联，还包括了车与周围环境的互联，例如像大众点评一般的商铺推荐等。

疲劳的驾驶后是否十分希望享受一顿美味的食物，而此时路过一个巨型商城时却无法确定里面是否有自己熟悉的店铺，当然更重要的，是否有空闲的停车位，这些问题在未来都可以交给万能的车载系统，未来的车载

系统将通过与商铺或各种平台的连接来对周围商铺信息进行收集，并反馈给用户。

未来的车载系统还可以实现更多，例如当汽车油箱达到警戒值时，车载系统会显示出几个离车辆最近的加油站以及价格、排队时间等，为汽车加油提供解决方案。或者当汽车出现零部件问题时，车载系统将与附近的维修店铺进行对接，并告知相应的维修业务以及评分，如果驾驶员挑选了特定的服务维修站，汽车可以主动进行联系并把初步的损坏报告发给店家，为维修节约时间。

未来的车载系统将实现车与人的对话，车载系统如同一个车内的智能管家，不仅能够准确判断驾驶者的需求，并且为驾驶者提供周围信息的整合与商铺的推荐，实现人与车，车与路的连接，成为真正的互联网的新端口。

四 汽车办公室与汽车管家

汽车虽然是一个狭小的空间，但其却可以作为办公室与家的延伸，实现汽车空间与功能的无限扩大，并且可以通过汽车本身与办公室与家进行沟通，达到真正的汽车互联时代。

汽车可以作为未来的移动办公室（见图 6.3），想提前半小时到家做饭但是工作却还没有做完？没关系，可以提前上车，因为在车内也可以办公，未来的汽车可以通过与办公室电脑的数据传输与账号分享，将你做到一半的工作发送至汽车的内部办公系统，在车上就可以实现继续办公，等你完成一天最后的工作后，也刚刚好赶到家中，一秒钟都不耽误。

同时，汽车也可以与车主家里的各种电器进行沟通，例如在寒冷的冬季，车主想一回家就享受到空调带来的温暖，这时只要向汽车下达指令，汽车就会指挥家中的供暖设备为房间进行加热，提前为车主营造一个温暖的家。同时，家庭成员也可以通过汽车时刻知道车主的位置与到家的时间，随时准备迎接车主。

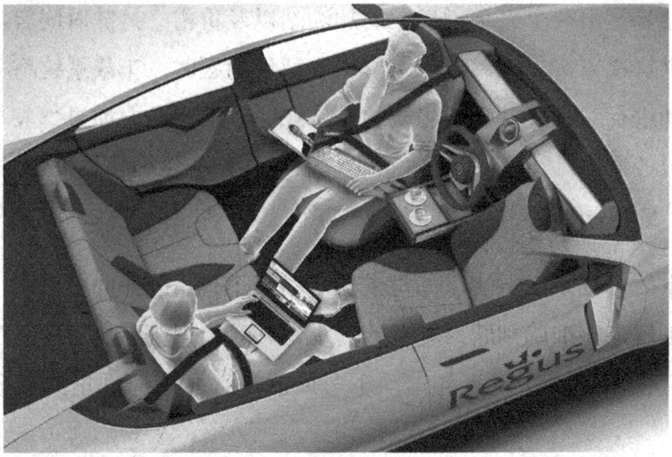

图 6.3　移动办公室

（图片来源：办公室的未来是无人驾驶汽车）

04 Section 终极的移动空间，终极的安全驾乘

“最安全的车，就是能预先避开意外的车”。这是在一场介绍未来安全科技趋势的演讲时，某车场安全部门主管的开场白。其实，这也是汽车业务革新中“主动预防”胜过“被动防护”的概念，即交通系统和汽车均配备科技感应装置，给汽车以“智慧”，以降低人为导致的不安全因素，提升安全系数。

另外，随着智能手机的飞速发展，远程监控汽车可以通过智能手机的方式，防止被偷盗、损坏。但是，由于汽车系统接入互联网，采用了机器感应，容易遭到黑客袭击或者硬件因操作不当或其他原因被人为损坏。

因此，移动汽车业务革新给汽车安全领域带来的益处不小，让驾乘人员得到的解放不少。但要更好地解决人们对智能汽车的担忧，还有一段路要走。

一 “耳聪目明”的汽车

汽车领域先进科技的主动安全配备，总有一长串不太好记的名字。但

是汽车安全感应装置，无非是为几大意外类型设计的。

对于导致大部分交通事故，造成严重后果的事故因素“不当速度（超速）”，工程师们用“看得懂”速限标示的辅助系统+车距维持定速系统来解决。这套系统能够通过摄影机与影像辨识系统来读取并自动辨识交通信号，并能配合行车电脑让驾驶者维持应有车速（见图 6.4）。科技始终离不开人性，而谈到汽车安全科技就必须要看看车坛“安全大师”Volvo 的对策了。

Volvo 选择了 QA 车流辅助功能，ACC 主动车距控制巡航系统和 RSI 路标显示系统。跟车行驶、自动驾驶和实时显示是为驾驶者提供的主要便利服务。

图 6.4 自动车距控制

（图片来源：Volvo Full Auto Brake Queue Assist）

据德国官方研究统计，车辆偏离车道造成了 30%左右的交通意外致死事故。车道偏离预防系统能让车辆“看到”路面的标线，影像辨识系统通过车载摄像机监控车辆与路面标线的距离，如车辆无意间偏离了车道，方向盘会发出振动来警告驾驶者，如果驾驶者对此没有做出反应，系统则主动介入通过单一车轮的刹车来修正车辆转向，使之回到原有车道中央。

针对外车突然闯入车道导致的事故，自动监控系统起了非常大的作用。

通过安装在挡风玻璃上的摄影机，系统电脑会自动进行预防动作的分析，留意车辆行驶路径上任何有可能造成危险的物体，其可能的移动速度与方向。有了这个系统，再不用害怕转弯不打方向灯的车主和突然穿越马路的行人与自行车了。

交通意外事故也常常发生在混乱十字路口，这也是统计资料中的事故主要因素之一，其解决之道是“十字路口辅助系统、行人/骑车人侦测系统”。提前预知以提供足够的反应时间和主动刹车避免碰撞意外发生是系统解决问题的主要手段。

交通安全不仅与车室内的成员有关，道路上的行人也应当受到重视。所以更多的行人保护系统会被研发。比如有一项技术能够在事故发生时把安全气囊包裹整个车身除去进气格栅以外的部分，这些与安全相关的技术都是为了保护人类的生命安全。

二　“远程监控”让车主更放心

移动改变汽车，在汽车安全上还能做到让车主对自己的爱车获得足够的安全感。汽车界选择通过“远程监控”的方式让汽车物权的拥有者更放心。

举个例子，我马上就要登机，忽然想起汽车有没有成功上锁？这时候，只需要通过汽车远程监控系统来实时查看自己爱车的状态并进行需要的补救操作，就能轻松做到放心离开了。许多汽车企业选择通过智能手机应用软件的方式来实现汽车的远程监控，而这一技术已经在不少的车型上得到应用，不仅能够查看汽车每一个关键部件的使用寿命和安全状态，更能对自己的车辆进行一些远程操作（见图 6.5）。

图 6.5 车况远程监控

（图片来源：2014 CES BMW i 远程助理软件）

随着汽车电子技术越来越得到重视和深入研究，远程监控将通过新的方式实现新的突破。

三 智能汽车的危险困局

智能汽车之所以是智能的，离不开网络的支持。而凡是接入互联网的设备，几乎都会遭遇或已经遭遇到黑客的袭击和入侵。这显然对汽车安全构成了巨大的威胁。

智能汽车拥有 80 个以上的传感器，每天向车联网云端传输的数据多达 100MB。这些数据涵盖了汽车和驾驶者个人的各类信息，无疑成了黑客眼中一块肥肉，也让消费者处于一种依赖又恐惧的矛盾状态中。

美国联邦调查局（FBI）有一份报告说："自主权可令汽车变得更有效率，但同时也将开启双重使用的更大可能，从而可能令汽车变成比今天更致命的武器。犯罪分子可能会避开无人驾驶汽车的安全功能，无视交通信号灯和速度限制，或者可能会有恐怖分子通过编程的方式让其变成‘无人驾驶炸弹’。”

在中国一场有关安全的国际性活动上，参赛黑客仅用一天时间就针对应用程序漏洞对目前最智能的量产车特斯拉进行了破解，并且实现了远程开锁、鸣笛、控制灯光和天窗等操作。

而早在 2013 年就有黑客对丰田普锐斯和福特翼虎的控制系统进行了技术破解，并且实现了高速行驶时突然制动，使车辆刹车失灵，猛打方向盘在内的一系列操作。想象一下如果是我们正在驾驶的车辆呢？后果不堪设想。

黑客与安全专家之间永远是赛跑与共舞的关系，因此世界上既没有绝对安全的网络和系统，也没有无法完善的漏洞和杀不死的病毒。黑客和专家的身份，随时也可以互换。

因此，智能汽车的安全问题无法回避，也尚无根除的办法。丰田在智能汽车的研发方向上拒绝纯粹的无人驾驶而强调“辅助驾驶”的概念，而日本政府甚至通过收费的方式，限制车主长时间开启无人驾驶模式。

05 Section 省心保养

汽车保养一直是令不少车主头疼的问题，动辄几小时的等待，复杂的计费方式以及对于保养质量的潜在担忧都让许多汽车拥有者有点难以应对，恨不得请专门的助理去为自己的爱车进行定期的保养维护。如果有一个专职的秘书为你进行保养排队，保养比价以及保养质量的检测，保养的确可以成为一种享受。

可惜这种专门的助理将永远不会存在，因为未来这些复杂的保养流程都将由汽车本身完成，根本不需要车主出面。也可以将它理解成“终极空间”的自我修复功能，只不过仍需借助外界来实现罢了。

一 汽车有自己的“美容”计划

未来的汽车将知道自己何时需要进行保养，即汽车内部会有一个自己的保养时间表，汽车根据自己的时间表会按时进行保养工作，换言之，车内会有一个传感器或定时器，来监测各部分的机油，零件的磨损程度，当达到某个临界值时，汽车将询问车主是否进行保养计划，如果车主同意，汽车能自己联系保养维修店进行预约，并且在规定的时间内依靠自动驾驶前往指定的保养店进行一系列的保养项目，包括支付与服务打分。

当你在外出度假时，也许会收到汽车发来的保养询问邮件，其中包括了汽车本身对自己状况的初步评估与保养需求的打分，如果你觉得此时保养有必要的话，只需要通知汽车进行保养，汽车便可以独自完成各个保养项目，并且以崭新的“面容”出现在机场接送。

二 保养质量的强力保障

保养除消磨时间外，还有一个重要的问题是用户对于保养质量的担心。例如店家有没有使用优质的机油或原厂的零配件等，患有“强迫症”的顾客也许还会在保养之后不时打开引擎盖确认保养工作的质量。但是有了汽车自动保养，即使最挑剔最谨慎的用户也会对保养放心，因为未来的汽车将记录所有的保养记录，而且对相应的保养员工与材料进行完整详细的存档，并汇报给车主。

这样车主对汽车的所有保养项目就一目了然了，任何店家都不敢进行造假，因为所有的数据都将输入汽车的系统，保有“证据”。

当然未来的保养店也更加不可能造假了，因为其未来完全可以减少在顾客服务上的投资，而完全将钱花在保养项目的提升上，例如顾客等待区可以完全被撤出 4S 店，因为未来的保养顾客根本不需要在店内进行等待。考虑到寸土寸金的投资和客户体验，这或许是最明智的选择。

三 收费透明化

汽车后市场一向以高利润著称，高利率对于售后店虽然是好事，但对普通消费者来说，高利润一定意味着高价格，而这个高价格一部分是因为顾客信息的不对称造成的，如果所有的材料价格、服务价格以及各个店家的价格都透明化了，市场变成了高度竞争化的结构，汽车维修保养价格自然也就下来了，维修保养价格的虚高自然也就无法延续了。

而如何将保养价格透明化，很简单，利用汽车本身，汽车未来可以是一个保养信息平台的一个端口，将所有的附近的保养价格与质量公开给每个驾驶者与其他保养店铺，这样对于消费者，所有店铺的数据一目了然；而对于保养店铺，服务价格的透明化也可以促使更加有效的市场价竞争。

第 7 章

Chapter 7

“互联网+”变革空间外的配套设施

01 Section 汽车销售新模式

要实现汽车作为终极的移动空间，光靠汽车本身的软硬件可不够，相应的配套设施也得跟得上。21 世纪是互联网销售模式猛烈冲击传统销售模式的时代，移动互联网的大潮也给传统制造业带来了前所未有的机遇和挑战，特斯拉的横空出世让人们感受到了互联网对汽车行业的虎视眈眈。毫无疑问，汽车销售已经成为了下一个互联网增长的新入口。

一 卖得广不如卖得准——大数据精准营销

随着全球汽车技术的飞速发展，汽车行业在未来将发生巨大的变化，中国汽车市场和汽车消费行为也将发生重大的变革。汽车消费观念与路径正在开始发生变化，中国汽车市场需要更高效、更贴近消费者的应对模式。

传统的汽车营销模式，经实践证明已经不适应经济和社会发展的需要。随之出现的汽车 4S 营销模式在各种因素影响下出现了不和谐的局面，也遇到了发展危机。

在以市场导向、消费者为中心的营销新时代，要想获得收益，企业就必须关注客户价值。客户价值的实现才可能带给企业丰厚的利润和回报。长期以来，企业的市场推广无非是广告、促销、渠道等营销手段。而当企业花费大量的金钱与精力，致力于这种声势浩大的市场推广时，许多营销经理却又有着这样的迷茫与困惑——明知道促销费用浪费掉了很多但不知道浪费在哪里，拉动了集客却要面对极低的转化率。精准营销正是借助数据库的筛选，寻找到目标客户，实施有效的推广策略，实现精准销售，从而大大降低营销费用。精准营销的基础是一个庞大的数据库，记录了所能找到的受众的全部信息，包括地址、教育程度、收入情况、购买记录和消费偏好等维度。信息的维度越丰富，营销的精准度就越高，营销的效果就越好。基于数据库的精准营销可以根据消费者的特点为他们制定计划，而且能够和他们互动，为他们提供有用的消费信息，具有“针对性、互动性和及时反馈”等特点。精准营销准确细分市场和定位目标客户群之后，根据不同的目标客户和市场特征，考虑他们不同的产品与服务诉求，包括不同的需求与购买行为，采取有针对性、差异化的产品上市活动与计划。

二 像逛淘宝一样买车——线上完成汽车购买

目前汽车行业的电子商务发展迅猛，国内的汽车电商有四种类型，第一种就是综合性购物网站，以天猫汽车商城为代表；第二种是厂商自建平台，以上汽集团为代表；汽车垂直网站，易车网为代表；第三种是经销商平台，庞大集团；第四种是 O2O 的模式——也就是线上预约然后线下提车。

在2014年的双十一购车狂欢节，消费者在天猫订购的整车数量已经达到5.07万台，截至双十一的24点，整个汽车之家的订货量达到3万多辆，是汽车电商起步以来的第一个小高潮。

其实汽车电商化在欧美等汽车工业发达的地区早已非常完善，拿美国来说，据美国汽车经销协会的调查，八成以上的经销商都有自己的网站，建有网站的经销商有六成以上开通了网上售车模式，消费者不仅可以在线订货、在线支付，并且能够在线选择配置，美国的汽车经销网站都是互联的，再加上美国完美成熟的物流体系，美国的汽车电商销售模式获得了广大消费者的认可。现在中国每年的汽车交易量早已超过美国，因此中国发展汽车电商必将大有前途，完全可以在可预计到的将来实现像“逛淘宝一样买车”（见图 7.1）。

图 7.1 线上购车

（图片来源：网络销售网络购车）

虽然就目前的情况来看，互联网化的销售模式仍然无法代替传统的 4S 店，毕竟对于大多数消费者来说，汽车是大件物品，在购买的时候会比较谨慎，因此更加信任 4S 店这样的传统实体渠道。不过，由于在价格上有着明显优势，同时更方便用户横向比较，解决了参数复杂、版本混乱等问题，互联网化销售渠道的优势会逐渐显现出来。而且，未来拥有汽车的价格通过租赁分享等方式，逐渐趋低和趋零，这样网上支付就不是很难了。

02 Section 智能交通系统

移动技术不仅改变汽车本身和个人驾驶感受，也将深刻影响整个交通系统。在信息时代，交通系统的运营和维护不再是只能依赖大量的交通警察在现实世界里来回奔波去维持，我们要做的只是一切交给信息，一切交给计算机终端，未来的交通系统将有序地将一个个移动空间排列组合。

一 行驶状况实时连接终端

道路拥挤、交通系统运载能力不足是阻碍汽车发展的一大难题，大都市中常常出现的“惊天大堵”成为司机们的噩梦。结合互联网的自动驾驶技术将彻底改变这一情况。

当每一辆汽车的运行情况都实时与交通终端系统实现无线传输（包括汽车速度、行驶路线、车况等），汽车每次要做出转弯并道操作动作都会提前通过终端告知周边行车系统，保证了汽车能够安全高效地完成转弯并道，这样就能成功缩短安全车距，大大提高了道路负荷量，并且减小发生堵车的概率，即使发生堵车，车流在终端系统的指挥下依然可以迅速恢复正常行驶。

二 自动停车

在大都市中，寻找车位是一件麻烦事，驾车到达目的地后第一件事就是要找到一个最近的车位，倘若目的地距离可用的停车位很远的话，那只有两个选择，一是只好违规停在靠近目的地的路边，这样会导致不方便管理，也会阻扰交通；二是停在距离目的地很远的停车位然后步行到目的地，返回时还要步行很远到停车场取车，非常不方便。同时，停车技术对于新司机来说还是一个难题，如何把车停入一个狭小的空间又不刮蹭到车的表面实在是一个颇考验驾驶技术的挑战。

在移动技术时代，这不再会是烦恼，自动停车技术将会帮助人们直接省去寻找车位的难题（见图 7.2）。目前，奥迪和沃尔沃已经研制成功了能够自动停车的汽车。当驾驶员到达目的地下车后，通过手机 APP 上的一个停车按键，汽车就会自动启动并开向搜索到的最近的停车场，直接通过停车场的数据驶入空车位，通过感应器准确无误地自动停车妥当；当驾驶员需要离开时，通过手机 APP 上的一个取车按键，汽车就会自动启动并驶向驾驶员预定位置等待接驾。

该技术基于车辆与基础设施的互联，可最大程度优化某一地区，甚至整个社会的停车资源，通过云计算和高精度车辆控制有效解决社会效率和停车难的问题。此项技术结合了自动驾驶、周围环境探测及自动刹车功能，使得整个泊车过程不会威胁其他车辆及行人的安全，并且便于统一停放管理，交通更为顺畅。不过这项技术对 GPS 精度以及基础设施的建设要求较高。

图 7.2 自动停车

（图片来源：Fraunhofer Institute for Manufacturing Engineering and Automation IPA）

03 Section 汽车支付功能

汽车会不会成为继智能手机之后成为下一个移动支付工具？例如汽车扫描便可以支付各类汽车相关费用，如路桥费、燃油费、维修费、甚至是汽车餐厅的费用。在手机如此娇小且比汽车简单几倍的载体中都可以实现的功能，没理由会在集结数代人心血的汽车上“搁浅”，汽车的移动支付在不远的将来就会实现。

汽车支付主要方式，是通过信号对接或通过快速扫码的技术手段进行收费的记录以及支付，具体的支付形式还尚未有定论，但相应的技术已经颇为成熟，只等相应的法规出台以及基础设施的建成。

汽车移动支付将会率先进入如下领域：路桥费、加油站、汽车保养维修、汽车餐厅等。

一 高速公路不再有拦路收费站

前几年，高速公路取消了节假日收费，一方面是对高速公路收费过高的回应，另一方面也是出于无奈，因为由于节假日的高速车流太多，取消人工收费自然也是排除拥堵的无奈之举。高速公路汽车排队“交钱”的现象的确已经困扰了许多人（见图 7.3）。

但是，汽车自动支付的开发却可以完全消除这个现象，因为未来的高速公路将取消人工收费，汽车的扣款将由汽车支付替代，无须停车，自然也不会产生排队的问题了。

图 7.3 拥堵的高速公路收费站

（图片来源：geography of toll roads）

未来的收费站将出现类似电子扫码的仪器，通过识别每台车独有的编码来进行扣款，就像超市收银台扫描条形码一般，耗时仅几秒钟。

由此高速公路的人工收费将不复存在，汽车只要直接行驶过收费站便可以进行缴费，无须停车无须排队。

二 用汽车支付燃油费，维修保养

如果你觉得加油卡已经很简单了，但对于未来的汽车而言，加油刷卡仍然太过费力，未来的汽车加油将可以实现自动化，驾驶者完全可以不用下车，只需要在车内输入需要加油的计量与金额，汽车加油就可以自动完成了，不需要再有额外付款的手续。

同样，在汽车进行保养维修时，汽车支付照样可以派上大用场，未来的汽车保养将利用互联网与自动驾驶技术，可以实现门到门保养，即汽车自动开往预约的维修站或者服务店进行保养维修，然后自动开回车主的家中，从服务到支付一应俱全。

三 汽车餐厅等相关产业的兴起

借助于汽车移动支付，汽车餐厅可能会兴起，汽车餐厅的优势在于无需停车，购买便捷。但如今的汽车餐厅在中国始终没有一席之地，原因在于中国食物的制作复杂，耗时耗力，无法进行短时间内将食物准备好送给车内用户，因此往往导致十分冗长的队伍。

或许有人会问，为什么不把食物提前准备好？但这也会导致一系列的潜在问题，包括订餐后车主违约的信用问题，以及由于大量食物订单出现的送货配对问题等。这些阻碍汽车餐厅兴起的因素都会被汽车移动支付所解决，创造出一个全新庞大的产业链。

有了汽车支付，订单信息可以进行订单与汽车的匹配，这样首先解决了其中的信用问题，因为如同身份证订单一样，一旦汽车的编号与订单匹配，对于餐厅还是车主都会有相应的记录存在，自然不会存在任何信用风险了。第二，正是由于这些匹配，店内服务员可以事先通过 GPS 知道汽车的式样，颜色车主等信息，包括具体的地理位置与多久到达等，可以事先准备食物，在车主到达后立刻将食物交给点餐的客户。

当然汽车移动支付业务也会带动许多其他的相关产业的进一步发展，可以预见到的产业例如汽车星巴克、汽车购物等。

04 Section 汽车租赁与共享

买房和租房一直是现代人的困扰，作为未来人类第三空间的汽车，到底是租还是买呢？

私人汽车的普及在加速经济社会发展的同时也带来了交通拥堵、空气污染、能源消耗等诸多问题。移动汽车业务带来的革新，主要集中在“可订制”和“共享”两个方面。世界各大汽车公司都在构想“共享”业务的实现方式，而能够高效利用社会资源的方式，汽车租赁和私家车共享被作为创新形式的基础广泛提及。在移动颠覆汽车的时代，车辆自动停放在所需地点，做到“随租随到、随时退还”，是企业的主要盈利创新点，而这些都将通过车联网技术轻松实现。唯一的问题是，汽车公司更多关心的是整车厂主导的共享，这个份额比较有限，但当问题扩大到 P2P 层面的共享，这样的前景将光明得多。

通过这样的服务，越来越多的人们选择租赁汽车出行，暂缓购买私人汽车的计划。而“汽车共享”在私家车和公共交通出行之间提供了一种创新的交通方式。

汽车共享是一种在居住社区、商业办公中心等出行需求大而且比较集中的地区周边，以汽车使用权代替所有权，满足居民短时用车需求的交通模式。基于高密度的网络覆盖和顺畅的智能终端应用的移动互联网汽车共享在国外已经得到了比较成功的运营，在中国的杭州、北京、上海等城市，也出现了商业化运营的汽车共享品牌。他们一般由第三方负责经营会员制用车俱乐部或公司来解决车辆调配、保险、停放和客户服务等方面的问题，消费者根据需求自助预订车辆并按照实际使用量支付相应的费用。

和已经拥有较多实践的汽车租赁不同，汽车共享的市场定位是短时出行需求的居民，通过智能手机应用或电话预约实现便捷的操作，使用专门的会员卡来进行自助取车和换车。在费用结算方面，汽车共享通常采用时间的计算方式，通过预付费账户或信用卡划账，不受办公时间的限制。

“汽车共享”既带来了公共交通无法提供的私密性，相对于购买私家车，又有自由、价廉、便捷等优势。汽车共享在一定程度上有效缓解了交通拥堵问题，减少了资源的浪费，而且若是使用新能源汽车，不仅可以减少尾气排放造成的污染，还能带动新能源汽车包括电动汽车的消费增长。

一 电子商务是汽车租赁市场的“推进器”

与其他行业一样，汽车租赁企业在成长过程中，必然要经历网络竞争的发展阶段，现有的汽车租赁企业要想在前景广阔而且充满竞争的火药味的租赁市场中取得一席之地、得到发展，必须抓住电子商务这一“推进器”。

汽车租赁企业想要在汽车移动业务革新浪潮中实现网络化、信息化，核心是要建立企业网络信息化平台，实现服务和交易的电子化，保证企业内外相关信息流的通畅。

未来的汽车租赁企业或许根本不需要像现在这样拥有成千上万辆汽车，移动业务下的汽车拥有者将是汽车制造商，而汽车租赁业的发展方向将变成中介服务提供商。只需要一台电脑，就可以管理一个庞大的车队，节省时间、降低成本、提高效率。

业务相关的查询、更新等有关车辆和订单的信息都可以通过移动网络完成，车联网技术能够帮助车队管理员实时跟踪每一辆车的状况及驾驶员的信息，而紧急情况下的客户服务和快速反应也可以通过电子商务管理系统来实现。

同时，互联网双向交互机制使得企业与客户交流的周期变短。之前的租赁业务办理，需要通过咨询报价→业务洽谈→租前调查→合同签订→收费发车→交接手续等流程租车，再通过通知还车（续借）→还车交接→费用查询→终止合同→交接报告→开票收费等流程还车。而移动业务带来了图文并茂展示信息的强大能力，使得交易双方都能在较短时间内获得大量信息，提高汽车的出租率。

用及时、快速的车辆用户反馈机制，为客户提供全方位的优质服务方案，开展实时性、跟踪性和终身性的车辆服务是汽车租赁在移动业务时代提高用户满意度，实现发展的需求所在。

二 汽车共享在路上

汽车共享是全球发展趋势，在世界范围内开展了大量的实践。根据罗兰贝格对汽车共享市场的前景展望，在便利性以及互联性等客户需求的推动下，亚洲有近 200 万人现在已经成为汽车共享的服务会员，全球来看汽车共享的数量年增长率有望达到 70%。许多供应商已经认识到汽车共享市场的发展潜力，将企业与个人同时作为目标客户群体寻求机遇。

2000 年创立于哈佛大学的 Zipcar，提供一种 24 小时随取随用的自驾汽车服务，发展至今已成为全球最大的汽车共享运营商。在全世界 30 多个大城市、超过 350 所大学校园和约 30 个机场，有超过 85 万的会员，1 万多辆共享汽车。Zipcar 的车源主要来自私家车共享和租赁公司的二次租赁。用户定位在商务及年满 18 岁的学生群体，响应用户需求，提供 30 多种车型。会费可选择按月或按年缴纳两种方式，时租租金已包括油费、保养、保险和停车费，可免费行驶 180 千米等。在校园、商务楼以及居民比较集中的社区设有租车点，会员通过网络或电话预定，利用 Zipcard 取车还车，允许单点和多点使用，费用以信用卡支付。

Zipcar 的模式在欧洲和北美被广泛学习和应用。2013 年法国的 Autolib 将 3000 辆 Bluecar 电动汽车和 855 座充电站投入汽车共享市场，在法国巴黎和 46 个市镇建设共享站点，成为一种无污染的居民出行替代方式；德国 Cambio 汽车共享公司将汽车合用的方式融合进汽车共享，目的地相同的附近居民可以在就近的上车点等候，一起搭车。

共享汽车的利用率是普通社会车辆的 5～10 倍，同时减少了大量的二氧化碳排放。通过汽车共享，日本的购车率下降了 30%（见图 7.4）。

图 7.4 电动汽车共享

（图片来源：杭州最大电动车租赁站）

在国内，2011 年以来“车纷享”“易多汽车共享”以及“EVCARD”等汽车共享先驱者采用分时租赁或是“时租+实际行驶里程”来计费的方式开展汽车共享服务，可见移动信息技术的发展正在推动汽车共享业务在国内的发展。

始于 2011 年的“车纷享”是国内最早开展分时自助汽车共享的先驱者之一，在杭州市投入了分时自助租赁小排量环保车辆 150 余台，网店 60 多个，会员数量已经超过 1.5 万。“车纷享”实现了用户自助预订、在线交易、自助取车、车辆导航、语音服务、电量油量及续航里程检测、行车状态记录、智能费用结算和异常报警等功能。用户可以随时就近租、还车辆，公司也可以实时监控汽车的运行状况，杭州市民可以在社区、公司楼下或者商圈等更广泛的区域里即时使用汽车共享服务。“车纷享”的客户群体在 20～35 岁，以对生活品质有一定追求并乐于体验新型汽车租赁方式的上班族为主，会员可以根据驾车时间或行驶里程选择一种计费方式。

易多汽车共享（一点租车）拥有接近 100 台汽车和 2 万名全国注册用户，它联合汽车租赁公司为企业和个人客户提供自助用车服务，客户使用手机 APP 全程享受智能服务。EVCARD 是中国首个电动汽车租赁国际示范区，受电动汽车的续航能力限制，其价格设置以 30 分钟为界限，按照实际使用时间计费。

但是，中国汽车共享市场同时面临相对较低的出租车费率，现有更喜欢买车而非租车的理念以及不断恶化的交通情况的挑战。根据罗兰贝格的另一份消费者调查，中国消费者中有 76%对汽车共享感兴趣，但只有 11%的人群在调查前听过这个概念。如果要利用消费者的这一兴趣，必须通过营销与沟通手段以及定制化产品提高这一认识。

而作为汽车共享平台，滴滴、快的等打车软件让人们开始放弃私家车的出行方式，成为了中国汽车共享的实际推动者和综合出行解决方案的创造者，为中国汽车租赁、共享事业的发展做出了实际的贡献。而且相信这场基于出行的风潮才刚刚开始，未来中国出行方式一定存在大量变革的机会。

三 汽车共享和私家车谁才是未来主角

汽车共享服务普及后，用户可以通过互联网、电话或智能手机查看所在地附近可使用的车辆情况并预订用车服务。预订确认后，用户只需前往提车网点，刷卡打开车门，通过移动系统计费，用车结束后还到任意网点即可，可谓是“随租随用，随退随还”。事实上，在有些尝试中，连固定的提车网点都被省去了，因为随着GPS的应用，汽车可以随停随还。结合自动驾驶技术，很可能我在办公室预定好车辆，附近租车网点的车辆自动驾驶到公司楼下，供我驾乘，通勤任务完成后，车辆再自行找到附近的还车网点，自动停回网点后计费在账户上扣款即可。另外，私家车的拥有者在自己的汽车处于闲置状态时，可以通过P2P租车业务将它租给他人使用，获得租金，提高汽车的使用率。

购车和日常费用是一笔大的花销，一位业内人士算了笔账，说如果一年内使用车辆多于195天，再去选择买车，否则租车更加合算。2010年上海世博会上，不莱梅的展出方为上海做了假设，按照一定的共享率，上海只需要18万辆车就够了。可以预知，未来很可能没有人再去买车，目前的整车厂将作为共享车辆的拥有者，通过平台公司将汽车共享变成消费者购买私家车辆的替代方案。

第 8 章

Chapter 8

缔造终极移动空间的核心技术

01 Section 数据收集与分析

打造未来终极移动空间的不仅仅是实体的钢板或是零件，数据也是这个终极空间的重要组成。汽车业想要利用大数据优势实现自身发展，必须先要有数据，并且在有数据的前提下保证数据的质与量，这就要考验汽车企业对于数据的收集、存储与发送能力了，平稳运行的数据采集设备是汽车大数据后续分析整理的基石（见图 8.1），只有基础坚实，汽车大数据以及未来汽车 4.0 的各项技术才能实现。

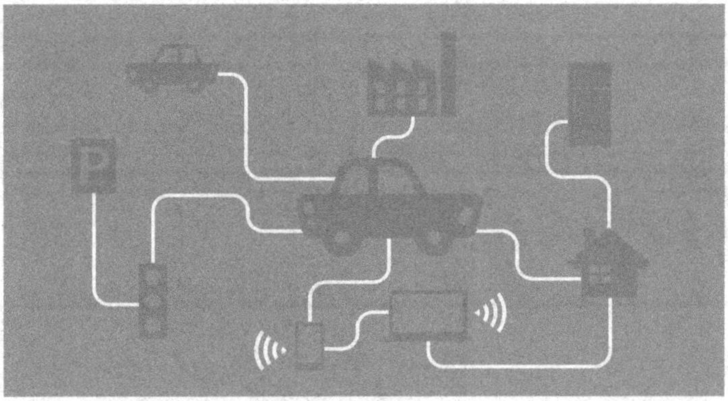

图 8.1 汽车数据

（图片来源：hadoop and connected cars: why automotive execs should care about data）

一　汽车变得“耳”聪“目”明

汽车在行驶过程中会产生大量的数据，按大类可以分为车主行为数据、车况数据、位置数据、驾驶数据等。未来车载大数据的终极目标便是对这些信息进行全方位捕捉。那么将利用哪些工具捕捉？我们要捕捉哪些信息呢？

首先看未来汽车收集数据的工具，未来的汽车仍将通过车联网进行汽车数据的收集。当今的汽车集成带有多个控制器局域网络（CAN）的电控单元（ECU）和数以百计的传感器网络，这些电控单元可以对汽车的物理和电气参数进行实时检测和监控。但是当前的传感器需要在测量速度、精度与广度上不断完善才能适应未来的汽车大数据的要求。

当前的车联网的数据收集只局限于汽车内部数据的收集，未来为了适应汽车互联与自动驾驶的要求，汽车装载的传感器必须更加敏感。例如未来的汽车传感器采集的不再只是汽车内部的物理与电气状态，还必须拥有良好的“距离感”与“方向感”，并且传感器与其他零部件之间的联系必须更加紧密。例如当汽车主动测量到与周围车辆的距离太近或按照现在的模式继续行驶会产生安全问题时，汽车会自动调整车距和行驶模式来保证驾乘安全。

数据收集还需要多功能化。现在主流的汽车数据收集传感器往往只有专一的功能，但未来的传感器必须多功能化，如果单个传感器仍然只负责测量一个数据的话，由于未来的汽车需要测量数以百计的数据（如位置、温度、路况等），一台汽车就需要同时装备几百个数据传感器，这显然不太现实。所以传感器必须做到功能整合，实现单传感器多功能化，即一个传感器负责测量多个数据。

二 如何安全地存放数据

有了数据之后，还要解决数据的存放问题，否则再多的数据也是浪费。

车联网收集到的数据往往将被直接导入电脑。然而，数据存储及处理的场所则取决于测量目的以及获取的数据量。通常来说，对汽车零部件的数据可以进行直接处理并获得即时结果，而对于一些长期测量，如耐久性测试等，则需要将测试数据下载到本地并随时通过无线通信网络进行传输。

然而，并不是每种交通工具都可以利用 PC 电脑进行储存，一些数据出于其他原因需要将数据下载到本地或进行本地存贮。如摩托车（在摩托车上因受空间限制无法安装 PC 电脑）、采挖机械设备等，在这些情况下，有更大主板存储器的数据记录仪可以实现本地存储，然后传输到 PC 电脑进行后期处理。

与数据存放相关的另一个问题就是数据的安全性了。数据安全现在已经被许多领域所关注，包括银行、证券公司、社交媒体网站等，而当汽车作为另一个数据源时，其安全性也将被迅速关注，因为这些数据涵盖了用户包括喜好在内的大量隐私。所以保证汽车数据安全十分必要，试想一下，通过汽车数据，不少人可以知道你常去的地方，这些地方包括始终位于安全话题榜首的家庭住址与子女学校。

不少汽车制造商收集了大量驾驶历史方面的数据，而且通常是在司机不知情的情况下收集的。资料显示至少有 9 家汽车公司利用第三方公司来收集汽车数据（这会令消费者更加防不胜防），部分汽车公司还将那些数据传输到第三方数据中心。数据信息包括司机去过的地方（如常停留的位置，包括住址）、最近的泊车位置、行驶的距离和时间、输入导航系统的目的地清单等，他们还收集了大量的汽车诊断数据。

所以未来的车联网大数据，需要汽车业更多地去平衡利润与隐私安全。

三　数据传输，从“车”到“云”

顺利完成从数据输入到储存的过程后，可以说未来的车联网大数据的收集阶段已经完成了一大半。但汽车毕竟不是电脑，无法进行复杂的大数据运算，更何况，即使未来的汽车有着如同超级计算机一般的“大脑”，整车厂也需要同时处理数以万计的车辆数据，因为一台车的数据并没有太大的意义。所以，如何将每辆车的数据进行整合分析是前两步完成之后的首要任务。

数据传输至少可以通过两种方式实现，首先是通过有线的方式，这就需要之前的数据存储工具的配合，整车厂可以选择特定时间来进行相应的数据导出，但这个方法显然不够有效，因为要那么多车都排队导入数据显然不合理，并且即使可以排开时间，车主也不会愿意来做“额外”的工作。

所以显然，未来的车联网数据传输必定会使用实时的无线传输（见图 8.2），但是无线传输的实现只依靠整车厂显然是不够的，未来由于自动驾驶与汽车互联的技术成熟，一辆汽车可能每秒钟就会产生超过几个 TB 的数据，要把这么庞大的数据实时传输到云端，并且保证其准确性，而且要实现同一区域内几百台甚至更多车辆的同时传输，需要十分快的网速才行，因此政府相应的基础设施建设和通信行业的技术升级也需要跟得上。关于云端技术会在 8.3 节详述。

图 8.2 数据传输

（图片来源：大数据应用案例之道路交通）

四 分析，令数据升华

如何最快地了解一个人的习惯、行为、爱好？通过其最好的朋友可能是最直接最准确的方法之一。但在以后，这个最好的朋友可能会嫉妒车主的汽车，因为通过对车载大数据的分析，汽车会比所有人都要了解车主的生活。

车载大数据作为大数据的一个子集，其必然可以使用主流的大数据分析方法，而主流的大数据分析算法必定适用于车载大数据的分析。撇开一些只有专业人士才懂的术语，大数据分析其实就是将原始的极大量数据进行一系列的算法分析之后，从数据中挖掘出有用结论的过程，而这些过程必须满足分析者的一系列需求。

但车载大数据却有着不同于传统大数据的“个性”，而要对其“个性”进行分析，需要有独特的分析模式才行。车载大数据的特点首先是数据输入的持续性，简单来说，数据的输入与分析很难被拆分为两个时间段，传统大数据往往在分析之前所有数据就都已经到位，而车载大数据的输入具有持续性，即在分析阶段仍然会有源源不断的新数据输入。

方法之二是反馈的即时性，汽车大数据分析不能像传统的大数据分析一样耗时几个月甚至几年，汽车的行驶状况关系到驾驶者的安全，所以即时将大数据分析结果反馈给整车厂以及终端客户是首要的事情。

这两个结果导致了汽车大数据分析必定需要借助于云技术，未来对数据的存储和分析不再是只能单纯地在某一特定的中央处理器进行处理，相反，随着服务器和云存储技术不断成熟，数据的存储和分析将是随时随地的。例如采用云技术的情况下，存储在“交界面”的数据就会被传输到信息链内位于全球任一位置的计算机端进行分析。

那么究竟分析会得到哪些结论呢？其覆盖面将会是出人意料地庞大，包括生产、销售、售后和互联网的数据等。还可以通过数据清洗，识别出每个客户的详细信息。采集客户的网上行为数据，进行全网客户的识别，产生 360 度全方位的客户视图，例如每个客户的特点、爱好、生活习惯等。比如通过分析一款车车主的行驶路线与常去的目的地，便可以得出这款车车主的普遍爱好，继而了解到购买这款车的主流客户群体特征，为下一步营销做好准备。

02 Section 无人智能驾驶技术

如今，考驾照成为了人生的“一道坎”，而幸运的是，这道坎将会被未来智能驾驶填平。然而将人从方向盘上解放出来实现无人驾驶却是一个浩大的工程，需要各种复杂的电子控制设备互相协同才能实现。为了实现在科幻电影中炫酷的自动驾驶，汽车需要配备传感器、车载计算机以及一个指导车流的指挥平台。

一 传感器——汽车的眼睛

智能驾驶首要解决的问题就是让汽车不与周围物体发生碰撞，为了达到这一点，智能驾驶要求的定位精度必须达到厘米级别，可惜传统的GPS技术精度还远没有达标。

但是在未来，智能驾驶汽车可以通过自带的传感器捕捉与临近周围建筑物或者道路标识的距离来修正精度，准确得到汽车所在的位置，从而与其他物体保持适当的“距离感”，同时还可以识别出障碍物或行人，准确地避开行驶（见图8.3）。

图 8.3　汽车传感器

（图片来源：百度无人驾驶车）

同时，由于不同的天气和路况会给汽车行驶带来不同的影响，例如刹车距离、加速性能等，智能驾驶汽车需要拥有传感器来随时识别出当前道路路况，对于公路、沙地、泥地，以及雨天湿滑的道路，甚至雪地，汽车必须先识别后切换不同的应对驾驶模式完美应对不同的天气与路况。

二　车载计算机——汽车的大脑

在通过传感器获得数据后，需要通过车载计算机处理分析这些数据，并据此对汽车下一步的行动作出规划，所以车载计算机需要有迅速处理大量数据的能力。

汽车不仅在行驶中思考，甚至在停车过程中也会不断进行思考，车辆先通过网络查询到最近的停车场在哪里，以及哪个车位是空闲的，然后自动行驶到车位旁边，通过雷达等感应系统将车自动停入车位。

同时，车载计算机还可以向乘客提供娱乐服务，乘客可以在计算机上看电影、玩游戏，还可以通过它进行办公、处理个人事务，车载计算机成为手机、个人电脑外人人必备的第三个个人终端设备。

三 车联网——汽车大军的司令官

在自动驾驶时代，车与车之间不再是散兵游勇式地各自为战了，将会有一个“总司令”来统率这支汽车大军，它就是智能驾驶交通指挥系统，我们称它为“车联网”。

车联网将通过卫星定位和汽车数据上传来收集每一辆车的位置信息（见图8.4），明确当前的车流运行情况，然后进行动态追踪和分析，从宏观上把控对车流的分配和引导，规定车流的行驶速度和车与车之间的车距。这样就从根本上解决了堵车的难题，原本常常出现的堵车在很多情况下都是因为车与车之间的协调不够，车流中只要有一辆车没有保持好车速和车距，就会造成连锁反应式的刹车，这就是通常我们说的“幽灵堵车”。但在车联网的指挥下，每辆车都能在车联网这个总司令的指挥下保持好车速和车距，“幽灵堵车”将不复存在。

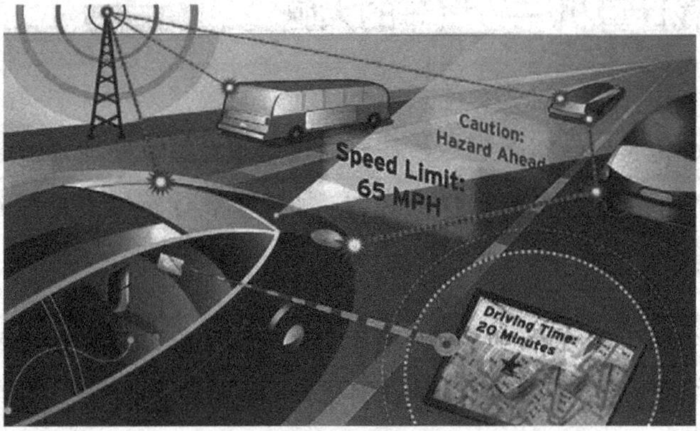

图 8.4　车联网

（图片来源：物联网时代的智能交通系统）

当然，车联网只会对每一辆车给出大致的行驶指令和要求——比如将它编入哪一个车道行驶、保持多少车速和车距，具体如何实现这些要求依然要依靠每一辆汽车自身的车载系统通过传感器以及同周围汽车的互动来完成。

四　从传统到自动驾驶的过渡

从原始的驾驶方式进步到自动驾驶不是一蹴而就的，预计汽车无人驾驶时代的到来必须经过三个时期。

1 青铜时代——手动与半自动并行

在这个时期，普通汽车虽仍占主流，但半自动的辅助驾驶汽车已经开始慢慢替代部分普通汽车，半自动辅助驾驶汽车仍然需要驾驶员在驾驶座上负责驾驶，辅助驾驶系统会帮助驾驶员保持汽车行驶的稳定性和安全性，并且实时连接总交通系统获取路况信息向驾驶员建议驾驶路径。此时的总交通系统虽然已经由政府主导建立起来，但依然只是被动式地提供路况信息，并不能主动规划各个车辆的行驶路径和速度，但是这为之后系统进化为主动调度无人驾驶车辆的未来迈出了第一步。

2 白银时代——半自动与全自动并行

到了第二阶段，政府通过优惠措施或强制措施慢慢让半自动辅助驾驶汽车完全替代普通汽车，普通汽车除非经过改造成为半自动辅助驾驶汽车否则不能上路。这时所有的驾驶员只需要掌握在辅助系统帮助下驾驶汽车的技术，这将比驾驶一辆普通汽车简单、安全很多，所以在这个时代获得驾照变得非常容易，驾照考试的门槛大大降低，驾驶员只要接受非常简单的培训就能上路。

同时，部分路段将会被开辟为全自动无人驾驶技术汽车才能行驶的试点路段，没有被改装为无人驾驶车辆的半自动汽车不能驶入这些路段，在这些路段基础设施建设已经完成，总交通系统也已经具备调度自动汽车的能力。

3 黄金时代——全面进入无人驾驶时代

到了最后一个阶段，全自动无人驾驶汽车在政府和企业的推广下开始慢慢淘汰半自动辅助驾驶汽车，半自动辅助驾驶汽车仅仅作为全自动汽车的备用系统，防止意外情况。所有的道路都已经完成了配合自动驾驶汽车的基础设施建设，所有在路上行驶的汽车都必须服从总交通系统的调度。由于半自动辅助驾驶系统仍然作为备用系统存在，所有的驾驶员依然必须接受操作半自动辅助系统的培训，但是在计算机模拟技术和人工智能已经非常成熟的那个时代，半自动辅助系统已经变得非常智能化，计算机通过同驾驶员的语言口头交流和思维捕捉来了解驾驶员的意图来控制汽车的行驶，预计普通人只需要一个小时就能完成这样的培训，届时将会迎来全民驾驶员时代。

经历了以上三个智能驾驶的发展蜕变后，汽车离成为人类的终极移动空间就不远了。

03 Section 云端数据储存与共享

在车联网的范围内，无论是车载的智能一体化终端，还是车载的诊断系统等汽车互联网产品，都需要一个共同的载体去承载，给用户提供服务。车联网需要收集卫星和汽车传来的数据并进行分析，每一辆汽车也需要同其他汽车实现数据共享，需要得到从车联网传来的指令。这些都需要通过云端数据的储存、共享来实现。

一　风中有朵数据的云

提起云存储，很多人的感觉是陌生又熟悉。虽不甚了解何为云存储，但身边经常用的 360 云盘、百度云存储等软件应用又让人觉得云存储就在你我身边，给我们带来了不小的便利。

云存储是指通过集群、网格和分布式文件系统等技术，将网络中各种不同类型的存储设备通过软件集合起来协同工作，共同对外提供数据存储和业务访问功能的一种新兴的存储模式。虽然技术名词听起来有点晦涩难懂，但是将之与传统的存储设备相比，云存储的特点就比较明显了。云存储不再仅仅是一个硬件，而是一个由网络设备、存储设备、服务器、应用软件、公用访问接口和接入网、客户端程序等多个部分组成的复杂系统（见图 8.5）。云存储对使用者来讲，不是指某一个具体的设备，而是指一个由许多个存储设备和服务器所构成的集合体。使用者使用云存储，并不是使用某一个存储设备，而是使用整个云存储系统带来的一种数据访问服务。所以严格来讲，云存储不是存储，而是一种服务。

图 8.5 云技术

（图片来源：cloud computing: reducing technology costs just a begining）

云存储涉及多方面技术，包括存储虚拟化技术、分布式存储技术、对等存储技术和密文访问技术等。

目前已经有许多公司纷纷推出了自己的云存储产品，例如 Amazon 推出的简单存储服务（Simple Storage Service），微软的网络硬盘服务（Windows Live SkyDrive），Google 推出的 Google Storage for Developers（GSD）服务等。国内的金山快盘、115 网盘等都是云存储的应用。

二　这朵数据云将飘向何方

云存储相比普通的存储技术有许多的优势。

云存储可以减少企业的成本投入，普通企业无须投资构建自己的数据中心，只需租用公共云存储，享受云存储服务商专业的存储解决方案就能满足自己的需求。云存储还能够很好地应对突发的大访问量，普通企业的数据中心通常难以应对突发性大访问量，比如大型赛事的购票系统，但是云存储的服务器集群和虚拟化技术可以临时调用集群中的各个设备来解决这一问题。另外，云存储能够提供存储服务的同步升级和数据的有效管理，无须企业自己购买各种设备管理软件，服务商会负责设备和软件的升级、维护及管理。可以想象，在未来，只要网络的数据传输速度够快，覆盖区域够广，我们不再需要任何实体的 U 盘和移动硬盘，我们的手机和电脑不再需要有很大的储存空间，所有的数据都在云端，我们只要连上网络就能够迅速得到我们所需要的一切。

所以说云存储是未来数据存储的发展趋势。

同时，云存储技术的发展还面临很多问题，其中，安全性、网络带宽、数据管理和云数据中心的建设及维护问题是云存储发展面临的主要挑战。但随着更多厂商的加入及用户的使用，此问题会迎刃而解。

三　从云端文档共享到汽车数据共享

此前，许多公司发现，云端文件共享服务能够让公司在没有虚拟专用网路（VPN）或文件服务器情况下照样正常工作。不少 IT 专业人士也使用云计算中的文档共享服务。“云端”相对于“本地”存储系统带来的附加效益越来越凸显，只要保持一致性和正常运行时间，云端数据储存后便可共享为所有注册用户的数据。在向车联网不断进发的今天，云的技术和概念在汽车上会得到更多更广泛的应用。

在自动驾驶时代，可以说车联网系统就是一个最强大的云储存系统。它既是“数据仓库”，又是“指挥中心”。作为“数据仓库”，它提供了交换数据的平台，卫星定位捕捉到的实时路况信息可以通过云端上传到车联网，然后通过它共享给所有使用云数据的车辆终端，同时每一辆车本身又可以将行驶区域的实际路况等信息反馈到车联网，共享给所有登录用户；作为“指挥中心”，它运用储存在云端的分析程序对当前的路况信息进行分析，规划出避免拥堵的行驶方案，并将指令下达到每辆登录的汽车，并为驾乘人员实时显示他所需要的各类信息。云端数据共享是车联网系统和自动驾驶实现的技术基础，将随着它的发展将给越来越多的驾驶者带来便利。

因此，移动汽车业务应用云端数据储存和共享是向车联网进发不可缺少的核心技术，也是必须取得突破的关键领域。但概念提出之后怎么做到更好地共享，如何保证数据的传输速度和安全，还需要再进一步思考。

04 Section 汽车硬软件

为了让未来的移动空间更加舒适，仅仅秉承“硬件为王”的理论显然是不够的，“软硬结合”才是新时代汽车立足的资本。

移动互联网已经渗透到车主生活中的各个领域。车轮互联关勇先生说，“回到几年前，谈到跟车相关的服务，第一时间我想到的是冲到线下去，冲到 4S 店去，冲到洗车行去。”但是在今天，人们会习惯性地拿出手机，看哪一个服务网点离我最近，用货比三家的方式得到最便宜的价格和最好的服务。现在从买车、卖车、车险、洗车等，完全可以通过移动端来做桥接。

互联网对汽车产业的推动速度快，在汽车移动互联网产品相关的 APP 数量上即有所体现。数量最多的是工具类，比如导航、查违章、考驾照、找车位等，这都是属于汽车移动互联网范畴中工具类的。第二大品类是服务类，比如打车、租车、代驾等，这都算是服务类。紧随其后是资讯类的 APP，它是以内容为主导的移动端产品，比如汽车之家、爱卡、太平洋汽车等。

在硬件服务类（主要指车载的智能终端上所承载的软件服务）上，首先是服务类使用频率最高，其次是工具类，再其次是内容类，再次是车载的智能服务、硬件服务类，最后是基于车载的垂直社交类。

同时，硬件技术的高速发达让用户的选择变得越来越多，用户对于移动互联网的功能性、丰富性要求也是越来越高。因此，在汽车行业，硬件与软件将不断进步与整合。

一 提升汽车的“软实力”

步入互联网时代，以智能手机和汽车上的显示屏为终端的互联网信息技术的集成，以及相应的服务提供商将会成为汽车行业与互联网技术亲密接触的新驱动力。人们也许在不久的将来可以实现使用语音系统与汽车进行沟通，汽车也将成为继手机之后的移动工作娱乐设备。

在未来这一场汽车智能化的盛宴里，比拼的重点可能不再是发动机、变速箱、驱动轴、离合器等，这些传统的硬件技术已经相当成熟，无法再带给消费者感到任何惊喜了，真正区别汽车产品的会是充满无限想象空间的高科技软件。

例如苹果的CarPlay（见图8.6）、谷歌的安卓等操作系统已经出现在汽车内部。而在苹果推出CarPlay操作系统之前，宝马已与苹果合作，开发了多款APP应用，使其车载信息系统iDrive可以与iPhone连接。宝马目前搭载的iDrive系统，和苹果iPad一样也具备高精度的液晶显示屏，强大的影音导航娱乐功能，可以触摸操控和手写输入，并且还能实现与部分手机APP互通，被认为是引入国内的第一款能实现移动互联的车载信息系统。同时奥迪也很早将谷歌地球、谷歌语音、谷歌街景等功能融入导航系统中，其发布的安卓车载平板电脑则是首次将安卓操作系统用于车载设备的尝试。

图 8.6　APPle CarPlay

（图片来源：BIDNESS ETC）

随着互联网和智能手机的普及，消费者对汽车电子产品的需求已从对单纯的产品基础功能的需求上升到多样化、个性化体验的层面。为了提升用户体验，人机界面的整合设计被作为提升汽车“软实力”的重要方式之一。

不过，车载智能应用还存在各种各样的不足，汽车厂商主要利用定制的系统为用户提供最浅层的娱乐体验，由汽车厂商推出的车载系统各有特点，但是因为各自技术开发实力有限，导致车联网的产业链不同终端的数据互通很困难，因此，需要云端数据共享。

二　汽车硬件“内外兼修”

汽车可能真的会成为“变形金刚”，当然其使命并不是拯救地球，而是娱乐人类。在未来汽车设计中，汽车外观与内饰都会根据乘客的需求与周围的环境进行转换，带来多功能体验。

汽车可以根据周围的环境改变其形态、颜色与结构，就像是大自然中的变色龙，例如当乘客参与好友的婚礼时，汽车可以将外形变成礼服的式样，端庄大气；再例如当乘客要参与一个派对时，汽车又可以将自己“打扮”成五颜六色，活跃现场气氛，未来的汽车外形将会适应不同的场合（见图 8.7）。

图 8.7 Toyota Fun-Vii 概念车

（图片来源：丰田 fun vii）

汽车内部设计在未来会更加注重“可定制”，设计师利用各种传感器和感官元素，为驾乘人员营造各种概念主题。车主可以根据自己的爱好和需求来给自己的爱车“换衣服”，你可以选择夏威夷风格开车去海边度假，也可以选择假日风格参加朋友聚会。这些核心技术的实现都将提升汽车的“软实力”。

三 汽车制造商会不会成为软件商

在移动互联网时代，汽车制造商将会把更多的精力投入软件开发，因为汽车正变成一个移动化的智能设备，像谷歌那样的无人驾驶汽车，而且承载着与汽车性能、驾驶相关的各种数据逐渐在开放。未来的汽车制造商不得不精通软件开发。

当汽车制造商成为软件商，很可能过去美日欧三足鼎立的格局会被苹果、安卓和亚马逊三家代替，形成新的汽车产业格局。原有的对汽车市场份额的争夺将会变成一场操作系统大战。

然而，Linux 基金 CEO，Jim Zemlin 的文章中提到，"最近一个高端汽车厂商告诉我说，他们车载的 IVI 系统有大约 1900 种用途——'在这当中我们认为只有 3％是我们产品独有的；其他的 97％ 所有汽车品牌都一样'。"投入大量的研发资源，获得 3%的差异化竞争优势，显然不是满足巨大的消费者预期的最佳途径。传统的汽车行业要走出自己相对封闭的生态系统，走向开放的合作状态，才能最大限度地满足消费者预期。

05 Section 设备兼容

未来的汽车外形可能会被用户定义为简约的风格，但在功能上，简约一定不会是主流。换言之，汽车的“内在”会越来越丰富，需要装载更多适应未来功能的不同部件。那么整车厂会不会为此成立专门的相关零部件生产厂来适应自己不同车型对于这些零部件的需求呢？或许，兼容性能解决这个问题，即利用通用的标准件即可，整车厂无须单独设计研发相关设备。

否则，如果缺少兼容性，仅几个主流整车厂，奔驰、大众、通用便有数百个车型，难道真的同一功能的传感器需要制作几百个版本去适应不同车型吗？可见，软件以及硬件的兼容性可以为整车厂省去不少麻烦。

一 硬件兼容

未来的汽车部件的复杂程度将会超越现在的计算机，而这么强大的功能显然需要足够强大的硬件作为支撑。这里的强大既包括了功能强大，也包括了数量庞大，当然还有强大的兼容性。

未来的主要汽车部件之一即是各种各样的传感器，其兼容性不仅包括同款的传感器需要适用于不同车型，而且传感器必须能够检测各种其他障碍物并与其他传感器能够互相作用，例如在不同车辆之间，车辆与道路之间为驾乘人员提供安全保障。

不同数据采集与储存设备也必须有更加强大的兼容性。其兼容性主要涉及三个维度，首先是采集器与不同传感器的兼容，传感器所感知的外部环境必须可以转化为数据并被采集，不能存在采集器无法识别或者转化的问题；其次是采集设备与云端的兼容性，采集设备中的数据实时、准确地传输到云端是为后续的分析处理与命令下达提供保障，所以采集设备必须也要与进行数据分析的云端兼容；最后是云端设备与各个车载系统之间的兼容性，云端设备的分析结果需要传输到汽车的车载系统并显示给各个车主查看，所以要求云端系统能够将数据传输至不同的车载系统上。

除汽车内部的硬件兼容性之外，汽车与外部也必须有良好的兼容性作为安全行驶的保证。例如汽车与外部网络必须有良好的兼容性，这些网络包括但远远多于移动支付所涉及的扫码与识别功能，比如汽车路过各种收费口时发生的交易，包括餐厅、高速收费站等。

二　软件兼容

作为未来互联网的一个重要端口，汽车必定会涵盖千千万万的软件，而这些软件如果不能完美地联系在一起，未来的汽车也就无法自称为互联网汽车了，而只是一个一个带轮子的运算工具罢了。

首先，汽车的软件兼容包括了汽车与各种移动 APP 的兼容。未来的公共出行模式将有一部分是由用户利用一定 APP 进行汽车的预定，所以汽车必须能够“明白”各种 APP 发出的命令。例如未来用户可能通过手机、智能眼镜等可穿戴设备或者其他未来的新型沟通工具对汽车下达一系列的指令，而智能汽车就必须要能够处理各种端口发来的信息。

其次，汽车软件也必须做到与路边店铺的系统完美兼容。因为在将来，汽车的保养与维修将实现100%的自动化，所以汽车必须与各种不同的店铺系统进行沟通，并且可以对其价格、质量与其他信息进行统计。另外，汽车的另一个功能还包括了周围店铺的搜索与推荐，所以汽车内部负责这个部分的软件也要与各种店铺进行兼容。

当然，在这当中，一个非常重要的兼容环节是支付，不过要做到这个环节并不如想象中那样容易，在中国发展了多年的支付宝也存在支付盲点。汽车支付不仅需要与用户资金账户兼容，并且需要与各种厂商的支付端口进行兼容，并且从某种程度上，汽车支付兼容性必须更加稳定，毕竟汽车在支付失败后不会像人一样使用现金。

此外，汽车软件的兼容性也包括了对于实时路况软件的兼容，例如测量道路拥堵的卫星系统、完成实时道路更新的交通信息软件、紧急事件的信息接收等。

06 Section 移动 APP 开发

如今移动 APP 已经“入侵”了我们生活的每一个角落，无论是家、办公室还是学校，可想而知，未来作为第三空间的汽车也会是移动 APP 的领地之一。

为了实现用户通过手机操作汽车，针对移动汽车业的 APP 也必须具备汽车的各项服务功能。汽车的 APP 大致可以分为两个大类，第一是娱乐类 APP，例如车载影音、游戏等帮助乘客消磨时间的 APP，随着几大互联网巨头的介入，这些 APP 正在逐渐趋于成熟；而另一个重要分类则是功能类 APP，其作用包括了汽车销售、汽车保养、租车服务以及未来的汽车定制等，是未来车载 APP 的重头戏。

一 汽车也可以“量身定做”

还记得第 2 章所叙述的模块式的汽车生产流程吗？在未来，汽车不再是模块式生产了，为了满足人们追求个性与时尚的需求，汽车需要定制。APP 会通过简明而丰富的手段帮助人们完成对爱车个性化设计。

一说到汽车设计，我们想到的是工业设计师们兢兢业业地在用铅笔画草图，或在计算机上运用专业能力建模设计。但针对非专业人士的个性化定制服务并不意味着人们需要掌握多高的艺术设计天赋以及手绘技巧，汽车定制 APP 可以将汽车设计拆分成几个简单的步骤，使定制化设计变得十分“亲民”。

首先，APP 会提供大量的模块供选择，消费者就像是完成一个个拼图一般，如多种多样的喷漆选择、车门开启方式、汽车体型轮廓、保险杠类型等，当然这些 APP 还可以提供搭配建议，让客户减少“纠结”，当然也允许用户自己导入喜欢的喷漆图案，用户只需要动动手指根据自己的喜好作出选择。

然后，定制化设计的初稿就完成了，但专业设计师的“把关”还是必要的，最初的设计稿会传输到某个专业的设计师或技师手中进行“批阅”，在安全性与可行性上进行适当的修改，或者提供专业建议，并让消费者确认。

这样的汽车定制化设计就既保留了消费者的个性，又加入了专业建议，只要将设计图纸发送至相应的汽车代工厂，一辆属于消费者的独一无二的汽车就诞生了！之后消费者就静静等着汽车自动驾驶上门就行了，当然，爱炫耀的消费者还可以把设计图发布至社交媒体上，让更多人进行“点赞”。

二 APP 后市场智能管家

汽车后市场未来也将是汽车 APP 的另一个重要战场，汽车维修保养 APP 的主要功能将包括信息整合与一键式便捷服务。

这个 APP 首先将提供信息整合功能，即一个 APP 就可以包含绝大多数的店铺和服务信息，同时让市场上所有的汽车后市场服务价格与服务质量透明化，就如同时下风生水起的外卖网站，通过一个大的信息平台，将所有餐厅的菜品与评价进行展示，汽车后市场 APP 也可以实现类似的功能，让汽车后市场服务变得像“外卖”一样简单。

当然，这类 APP 开发后，就不再需要用户为其操心安排清洁保养和维修服务了。汽车检测到车身需要保养时（见图 8.8），它会通过 APP 提醒用户，用户只需要选择确认，汽车就会自动联系保养公司，然后自动行驶到保养公司进行保养。当汽车出现损伤需要维修时，它也会提醒用户并自动联系维修厂商提供上门修车服务。

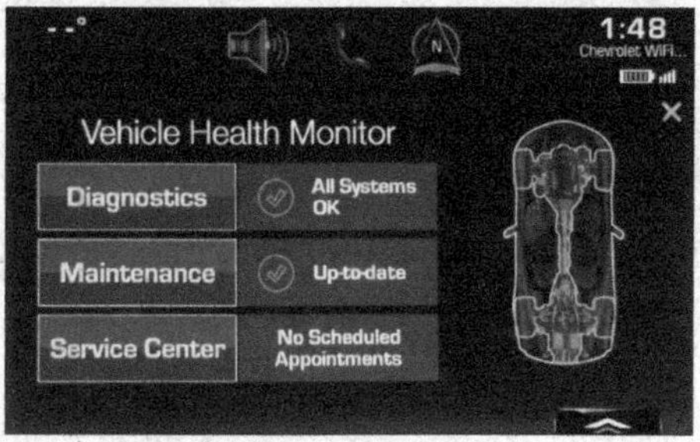

图 8.8　汽车车况检测

（图片来源：车况检测）

三　APP 搭建用户与汽车沟通的桥梁

除以上两个功能外，未来移动 APP 的另一个强大功能就是预约，与现在的打车软件不同，未来用户可以通过移动 APP 直接与汽车进行智能对话，与汽车进行“协商”，方便用户准时有车可用。同时接送对象不仅仅是自己，也可以是别人。比如用户在外工作时没有办法接送小孩上学放学，只要通过 APP 对汽车说“5 点接送小明回家”就可以使用 APP 完成预约，汽车就能保证小孩安全到家了。

另外，移动 APP 也可以随时向车主汇报爱车的“情况”，包括具体位置，汽车各个参数等信息，倘若用户的计划有任何变动或者汽车发生了意外事故，车主就可以马上知道具体情况。

当用户到达目的地时，汽车会自动搜索最近的停车位完成停车。在用户需要离开时，不需要步行到汽车停靠地点，只需要向 APP 下达命令，在手机定位用户所在位置后，APP 就可以通知汽车自动行驶到用户的位置，接上用户。

第 9 章
Chapter 9
“互联网+汽车商家”

01 Section 利用大数据重视客户消费习惯

既然未来的汽车已经不只是一个简单的代步工具了，而是变成了人类依赖的移动空间，自然人们对这一空间的选择也会挑剔许多，那么未来的汽车商家将如何把握消费者的喜好呢？答案是利用大数据营销手段。

不可否认，大数据的时代已经悄然而至了。各种互联网公司开始吹捧自己在大数据领域的阶段性成果，同时大数据涉及的领域也越来越多，其中就包括了注重创意与灵感的营销领域。过去市场推广强调夺人眼球的创意，然而大数据营销却强调了极其理性的分析，把市场营销变成了“精准的数据分析”，但这个看似与营销背道而驰的大数据却对此前的市场营销产生了颠覆性的改变。

汽车市场的各类营销，包括新车销售与后市场，已经开始并将越来越偏爱大数据分析，对于客户端的大量数据收集与分析可以准确把握客户的消费习惯，为精准营销提供有用的依据，使汽车企业的推广更有针对性。

一　喜欢的车太多？大数据告诉你哪个是最爱

要进行精准营销，首先就要将品牌与受众爱好进行匹配。例如同样是高收入人群，企业高管与个体商户的爱好有哪些不同？白手起家和高薪入职者的爱好有哪些不同？这些看似复杂的营销假设在大数据面前可以被非常容易地获得。

大数据的具体方法是通过过去各种车型或者品牌的买家数据，设定一些指标，例如年龄、家庭情况、收入等，然后通过大量的数据匹配来找出这些买家群体的特定爱好，这样在下一期的新车推广上就可以相应地侧重于拥有相似特点的客户，并且在之后的车型设计上也可以做与之对应的改进。另外，不仅仅是人群，大数据还可以算出各个地区人们对于车的固有偏好（见图 9.1）。

图 9.1　大数据营销

（图片来源：大数据时代的变革、机遇和挑战贵阳峰会）

例如同为豪车品牌，路虎与沃尔沃的买家表现出了极其不同的特征。通过大数据研究显示，喜欢路虎的买家中高中以下学历者所占比例相对较高，而沃尔沃的买家群体中硕士及以上学历者占比则是第一。由此可见，同样是在高收入人群中进行推广，路虎和沃尔沃的营销对象则要各有侧重了。

同时，大数据的分析还可以获知各种细分人群对于汽车的颜色、品牌、性能配置方面的独特爱好，这样瞄准特定人群的汽车品牌就知道如何对下一季汽车进行相应的调整来增加车辆的吸引力。

二 大数据算出车主对汽车的“呵护”

大数据营销除了用在新车销售上，在汽车后市场也能派上大用场。通过对不同汽车型号和买家长时间的后市场消费行为的跟踪与数据收集，大数据可以测算出不同人群购买汽车后对于相应售后服务的需求与喜好，进而相应的整车厂与后市场企业可以依据这个发现对顾客的产品与服务进行推荐以及自身的项目设计。

例如，即使拥有相同车型的消费者，不同买家对于售后服务的要求一般也不尽相同。例如同样购买宝马 5 系的车主，有些车主偏好多次的小规模保养，利用自己短暂的出差或者休假对汽车进行常规保养，而另一些车主则希望可以集中完成，低频率地给汽车做大规模的保养，喜欢“一气呵成”。

未来的汽车后市场厂商可以利用这些大数据结论，对不同的客户推介不同的售后产品服务。例如通过客户提交的档案进行打分，计算出各个项目下的分类得分，并依靠分数归类，然后向落入特定分数区间的客户推广适合的产品。更多高效、科学的大数据方式会逐渐地被人们发现、熟识，然后普及应用。

三 如何说动消费者

接触过市场营销的人都知道，好的营销除要找准营销对象外，营销手段与内容也是至关重要的。好的营销与宣传方法往往需要灵感，然而有了大数据之后，灵感会变得不再那么重要。因为大数据可以明确告诉厂家，消费者喜欢何种形式的宣传方式与内容，所以广告制作也需要听大数据的。

如前所述，大数据可以知道目标客户的喜好，如果营销可以投其所好，其宣传效果必定会事半功倍，更加受到消费者的青睐。根据调查，中国的豪车用户中有约 90%的人喜欢旅游。如果对于这些豪车潜在客户的营销内容中加入旅游元素，相信这些潜在的豪车买家会联想到与推广车辆旅游的画面，从而对车产生好感，厂家就达到了更好的场景营销效果。

除了内容，营销的媒介选择也可以通过大数据来确认。大数据可以告诉厂家特定客户群获取信息的最主要渠道，例如高学历的客户可能更加关注杂志上的广告或者体育赛事的广告牌，而一些个体户可能更加喜欢去车展之类的大型活动，所以在客户经常接触的媒介中投入广告，效果显然更好。雪弗兰科鲁兹 2.5 万辆的月销成绩单，23%的品牌购买意愿增长，67%的周搜索量增幅，这些漂亮的数据是百度通过精准定向技术，以更低成本锁定更多人群的成果。根据最终的营销效果统计，这种大规模、有目标的锁定，使购买驱动力指标 1.2 倍于电视广告，同时品牌印象指标和美誉度都有很大幅度的提升。这种传统媒体营销和大数据互联网的闭环营销模式能真正帮助消费者做出决策。

02 Section 开拓线上售后渠道，延长产业链

我们在初级的经济学课程中都会遇到这个问题，营业收入高的业务不一定为公司贡献最多的利润，有些从业务量衡量看似收入规模较小的业务却拥有极高的利润率。这个理论在汽车行业也充分适用，虽然新车销售从收入规模上而言占据了汽车产业链最大的份额，但是从利润角度来说，汽车后市场的利润总量（售后服务、保险、二手车等）占据了整个汽车产业利润总量的60%。

但现在这个利润大户却不归整车厂或零部件厂所有，汽车经销商与独立的汽车后市场店铺利用其强大的市场地位牢牢把控着这一部分的利润。但未来，整车厂或零部件厂却可以借着线上渠道的“东风”发动强势反击，将这一部分的利润据为己有。

一 建立强大的售后线上平台

整车厂或零部件厂要做大售后渠道，必须要有强大的工具，这个工具即集宣传、预约、交易、支付等为一体的售后直销线上平台。不过要取代

老牌的线下渠道，整车厂或零部件厂需要在便利性、及时性、可靠性以及价格上多做努力。

线上平台的一大优势就是便利性，如果没有便利性，线上平台根本不可能做大。便利性之一取决于售后信息的整合，未来的整车厂或零部件厂平台可以通过车型的输入，迅速推荐出几个可行的维修保养项目，并且提供产品或方案使用的人数及评价；另外，平台还可以通过车主定位来找出临近客户的几个保养点，成为真正的信息整合平台，让车主对于售后信息的获得更加便利。

及时性也是平台需要考虑的重要因素，尤其是对紧急事件的快速响应，当汽车突然在路上遭遇事故，需要相应的维修，线上平台必须要有专门的软件或者人员进行及时处理，例如通过GPS定位迅速联系附近的整车厂或零部件厂维修点提供到场服务等，或者进行专人的语音对话了解情况，为用户迅速排忧解难。

线上平台理所应当需要有价格优势，因为运营一个售后的线上平台的成本相比于经营多家4S店等实体店铺来说一定会低不少，所以分摊到零配件及服务上，费用自然也会下降，当消费者有了这些对平台与实体店铺的认知后，他们对于线上售后的价格期望值便较低。

线下渠道的又一个优势是用户对于实体店的产品与服务的质量放心，所以线上服务的可靠性也是整车厂或零部件厂要衡量的指标之一，线上服务要超越线下必须提供相同的服务和产品质量才可以，所以整车厂或零部件厂需要对相应的配件与退换货提供担保，让客户放心。

二 去除中间环节，抓取更多利润

售后线上平台的另一个好处在于帮助整车厂或零部件厂去除一系列的

中间环节，去除作为配件或者服务的中间商的利润，例如无须对中间商提供各种返利与价格折扣，而将所有的售后利润留在自己的集团内部。

未来的售后平台将是一站式地从整车厂或零部件厂直接到终端客户的形式，整车厂或零部件厂通过其线上平台处理所有终端客户的售后市场需求，更多地采用直销的模式。过去的售后零配件物流通常是通过整车厂或零部件厂到仓库，再到各个经销商处，然后再到终端客户，这样的优势在于能够通过下游的经销商把控消费者，更加了解消费者需求。但在将来，消费者的需求将通过线上的售后平台直接传递到整车厂或零部件厂，而整车厂或零部件厂也可以通过这个平台进行宣传与消费者积累，中间商的作用完全可以通过这个平台取代。

当然去除中间环节除可以增加收入减少成本之外，另一个明显的优势就是回款速度了，需要进行售后项目的车主可以通过线上平台直接将费用支付给整车厂或零部件厂，甚至整车厂或零部件厂可以通过预付的手段提前收到维修保养项目的款项，免去了与经销商的支付周期，缩短了资金的周转期。对产业链上游利益集团来说，是一件大大的好事。

三 整车厂或零部件厂售后线上的契机

如此强大且便捷的线上平台，为什么在互联网高速发展的这十年中迟迟没有形成较大规模呢？原因肯定不是整车厂或零部件厂太懒，其实整车厂或零部件厂要建立线上的售后平台还存在许多障碍，主要的问题包括缺少实际体验、车况沟通与结算问题。

未来移动时代的线上平台完全可以解决这些障碍，利用 3D 技术，线上网页可以为用户提供全方位的模拟保养体验，并且讲解各个环节所使用的服务技术与产品，车主可以利用这个技术了解店铺的规格或者与维修保养人员进行初步的沟通。而车况沟通则更加容易，因为不需要车主对车况进行判断，汽车能自己生成“体检报告”并通过平台发送给整车厂或零部件厂，汽车自己甚至比维修技师还要专业可靠。

至于结算，用户大可不必担心钱不对货的问题，汽车对于相应的保养项目细节都会有详细的记录，车主大可以通过这个清单对照付款，不需要担心整车厂或零部件厂出现服务上的遗漏（见图 9.2）。

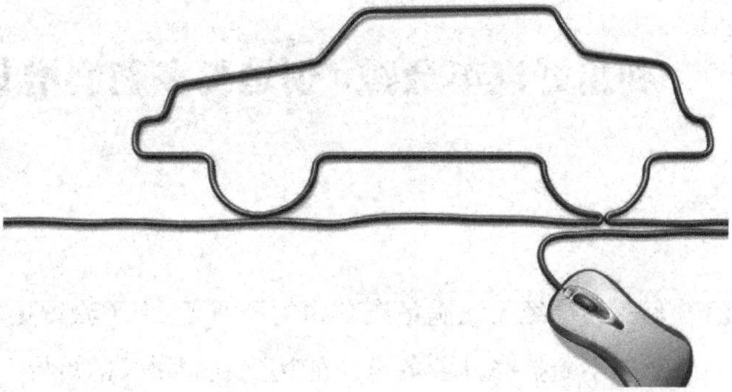

图 9.2 线上业务

（图片来源：汽车电商互联网）

03 Section 利用好汽车金融，创造更多利润增长点

传统的汽车业务已经无法满足汽车相关厂商了，为了获得更多的利润，汽车相关厂商必须不断扩张其业务链才能达到利润增长的目标。而由于金融行业向来以高利润著称，汽车相关厂商在金融行业的业务拓展就变得理所当然了，相比于现在传统的汽车金融业务（融资租赁、贷款等），未来的汽车相关厂商在金融业务方面将更加深入。

一 定义买车新方式

汽车金融在未来还可以玩出许多新花样，购买新车甚至将不需要事先支付任何费用，而是像如今购买手机一样支付每月的话费即可，当购买新车时，车主提车不需要任何费用，而是在后期使用过程中，支付相应的后期 APP 费用或者去特定的售后服务站进行服务即可。

另一种方式类似于微信众筹，适用于公共交通工具，未来公共交通与私人交通将不会有明显的划分，公共交通就是更多人拥有的“私家车辆”而已。未来的公共车辆将实行众多人合买的方式进行运营，但要同时联合

许多人购买十分困难，比较有效的方法是利用众筹。比如公共交通生产商将一个多人座的交通工具放置在线上平台，然后发起众筹，规定每个人的付费金额，每个心仪的买家都可以进行支付，直到支付的人足够多，金额达到了商家的购车价格。这样，这个交通工具就成为许多人共有的交通工具了。

二 与电商合作，推广更多融资项目

如果未来的汽车相关厂商在金融业务方面要与传统的银行贷款一争高低，必须要找到势均力敌的“靠山”才行，无论是从规模还是地位来说，与互联网企业进行合作再明智不过了，通过与大型的互联网企业进行合作，汽车相关厂商可以有充足的资金来源，而互联网企业则可以拓展其业务，达到分散风险的作用，图 9.3 给出了阿里巴巴开启的汽车业务。

图 9.3 阿里巴巴开启汽车业务

（图片来源：阿里汽车）

例如汽车线上销售商可以利用在互联网上的信用进行借贷，扩大规模，解决融资问题；而汽车消费者可以利用在互联网上的信用，快速获得贷款。这种方式将提高我国车贷渗透率，从而带动汽车销售的增长。这仅仅是在汽车销售领域，在汽车的其他领域同样可以借助互联网金融快速发展。

目前已经有相关的互联网企业与汽车相关厂商开展了汽车金融相关的合作，阿里巴巴旗下天猫宣布联合阿里小贷、余额宝、汽车厂商共同推出整车购买增值服务，消费者用余额宝取代传统预付款模式，并能享受购车款 3 个月的增值收益。同时阿里巴巴还根据消费者网购信用数据，对消费者提前授信，并推出 18 期无息分期购车业务。

当然汽车相关厂商的汽车金融业务不只局限于新车业务，还可以拓展至汽车售后业务，例如，车主可以通过参与售后保养的项目计划来将售后费用的支出分摊至每个月，通过分期减少保养费用的压力。此外，二手车市场也是汽车相关厂商与互联网汽车金融可以涉足的一个重要领域，由于购买二手车的用户收入情况普遍不及新车买家，其对汽车融资的需求也会更加大，并且二手车金融市场如今也正在迅速扩张。

三 汽车钱包，另一“余额宝”

除了传统的汽车金融业务，汽车钱包的使用也会为新型的互联网汽车金融带来新业务，未来的汽车钱包也会有相应的充值业务，因此一定会产生余额，汽车钱包可以像支付宝一样利用车主在汽车钱包内的余额进行贷款发放。

那么汽车余额宝的规模究竟可以做到多大，给汽车相关厂商带来多大的收益呢？可以先来看看如今支付宝余额的规模，截至 2014 年 6 月 30 日，余额宝规模攀升至 5741.60 亿元。这是什么概念，就是说，余额宝可以提供的资金贷款将近 6000 亿元，如果每年贷款与余额宝存款的利差为 1%，相应的钱包利润则为 50 多亿元。

但人们究竟会不会把数目庞大的余额留在未来的汽车钱包中呢？答案是肯定的。首先，汽车支付的领域未来不一定会比手机支付的业务范围小，未来的汽车支付将涉及过路费、餐厅、保养等汽车相关与非汽车相关业务。其次，汽车支付的金额也会比传统手机的支付要庞大，因为相比于网上购物，汽车保养动辄几千上万元，其汽车钱包的余额也自然会超出传统的支付宝余额数量。

有了稳定的余额数量，汽车相关厂商与互联网就可以联手拓展相应的汽车贷款业务了，例如贷款给终端买家、经销商、维修保养店铺等多元化商家。

04 Section 厂商新理念

21世纪，手机从仅仅作为通话功能的大哥大变革为了集大量功能于一身的智能手机，十几年前，没有人会想到手机可以拿来当照相机、电脑、银行卡来用。手机智能化后不可思议的转变让我们看到了汽车在未来可能的变化。

一 汽车智能化——成为下一个终端

汽车不再只是代步工具，汽车成为除个人笔记本电脑、平板电脑、手机外的另一个个人数据终端。而且汽车在体积上不用像笔记本电脑、平板电脑和手机那样为了达到方便携带的效果必须限制大小和重量，汽车本身就有运载能力可以承担设备重量，所以车载计算机可以承担笔记本电脑和手机完成不了的任务，处理大量数据，完成包括对自动驾驶的控制和联通城市交通系统共享行驶数据等需要强大数据处理能力的任务。

同时汽车与笔记本电脑、平板电脑和手机互相数据共享，人可以从任何一个终端控制其他的终端，各终端各司其职，各取所长，成为未来每一个生活在信息化时代的公民的“标准配置”。

二　以人为本，不再以车为本

传统汽车的使用过程主要还是“以车为本”，汽车买回来后需要人每隔一段时间就送去保养，常常需要洗车，汽车出现问题后需要找人维修，使用时需要人来驾驶操纵，到达目的地后需要为车寻找停车位……在一切过程中，一直是人在服侍车，而不是车来服侍人，人变成了“车奴”。

在未来，移动汽车将颠覆这一情形，车主将名副其实，汽车将成为真正的仆人，汽车智能化后将能够自己记录汽车的各项车况，在需要保养的时候自动行驶到保养门店进行保养服务；汽车出现损伤需要维修的时候，汽车会自动连接网络订购上门维修服务，无须人来为其寻找维修；在汽车使用过程，人要做的只是设定出发点和目的地，之后的时间就全部交给汽车完成驾驶，人可以运用车载电脑进行工作或娱乐休息；在到达目的地人下车后，汽车自动搜寻到最近的停车点后自行行驶到车位完成停车，在人需要离开时再自动行驶到人面前。

在信息化时代，汽车不再是一件会让你操心和为之奔波的累赘，汽车将给人完整的服务和由此而来的真正自由，汽车将结束以汽车为中心的驾驶时代，转为以人为中心的智能驾驶服务时代，“人车生活”中人是最重要的，人将成为未来终极出行空间的主人。

第 10 章
Chapter 10

终极移动空间面临的“互联网+”带来的新挑战

01 Section 数据安全挑战，空间需要私密性

你是否会经常厌烦于突如其来的电话推销？并且惊讶于这些电话销售对你个人信息的了如指掌？例如当对方准确说出你的姓氏、家庭地址时，人们通常会有自己的隐私无处可藏的感觉。由此可见，信息安全是一个非常严峻的问题，当汽车越来越贴近人们的日常生活，成为人类的终极移动空间后，汽车将承载大量关于用户的个人隐私数据，如何保护这些数据的安全将会成为未来汽车行业不得不面对的挑战。

未来的车载数据盗窃会呈现出隐蔽性、快速性及随时性的特点，数据安全将成为汽车数据应用的头等大事。

一 车载数据可能比你更懂你自己

车载数据究竟能包括哪些信息？答案是所有你意识到的或未意识到的事情。车载信息的覆盖面之广足以包括你平时的各种习惯、爱好和其他基本信息。相比手机遗失造成的信息泄露，如果车载系统被盗窃或侵入，其造成的信息泄露后果要比手机遗失严重数倍。

车载系统首先包括了你经常出入的地点，例如上班地点、家庭住址以及固定接送家人的地点；其次包括了你与家人的所有联系方式，因为在使用未来汽车的时候，汽车会通过电话以及邮件等方式频繁地与乘客进行自动交流沟通；当然，还有账户信息，因为未来的汽车是一种重要的支付手段，所以你的账户信息一定会储存在相应的支付记录中，甚至包括了缓存的密码。

除这些涉及安全的信息之外，车载系统还可以根据日常的行程安排统计、分析出你的喜好，例如常去的餐厅、商场以及购买力的信息。这些看似“鸡肋”的信息如果被特定商家获取到，你就等着每天被大批量的广告邮件或者短信淹没吧，因为商家会将你视为其重要的潜在客户，对你“循循善诱”。

二　“数据小偷”的聚集地

要提防数据盗窃（见图 10.1），我们还需要知道“数据小偷”将如何进行数据盗窃以及在哪里实施盗窃。

图 10.1　数据盗窃

（图片来源：apple at risk of infection from'bash'bug）

有一个坏消息是盗窃将无处不在。由于未来的汽车时时刻刻在进行数据传输与交换，所以侵入车载系统进行数据盗窃将变得不受地点与时间的限制了，并且大规模的数据盗窃也因为车辆数量大与联网速度快变得相对容易。

比如在车流量较大的道路上，只需要在路边设立或者将一辆轿车改装成一个强大的数据拦截器，然后将需要上传到云端的车载系统数据进行拦截并储存，数据盗窃就可以完成了，并且这种盗窃手段难以被发现，隐蔽性极高。

其次，汽车进入维修保养服务站时也是盗窃的高发时期，因为未来的汽车将进行自动的维修与保养任务，不会有专人看管，所以数据盗窃者只要与相应的维修保养店铺串通，数据导入就可以轻松完成，并且可以利用更加快速的有线手段进行数据传输与复制，数据盗窃的量与速度也可以获得很大的提高。甚至，有些数据盗窃者可以通过直接更换数据存储的设备“偷梁换柱”，彻底复制需要的数据。

三 预防信息盗窃，任重而道远

虽然未来的数据盗窃十分难监测，但所谓“邪不胜正”，既然有数据盗窃就一定会有相应的数据安全监管，而数据监管措施的执行需要依仗硬件反盗窃设备的设计以及相应法规制度的完善。

首先是硬件反盗窃装置的设计。硬件的反盗窃装置主要功能应该包括盗窃行为的发现、举报与处理。当有黑客拦截数据传输时，相应的云端一定会出现数据接收的断层，这个断层是容易被云端检测到的，然后云端可以识别并确认相应车辆的位置与独特编号，发送盗窃的信号并停止数据的进一步传输。当然这些安全软件可以交给一些主流的互联网安全公司设计。

盗窃行为发现后，自然就要进行举报与处理，通过对被盗窃车辆的定位，可以迅速找出盗窃数据的源头，然后该车载系统可以迅速通知相应的执法部门到达现场进行罪犯的逮捕与取证，同时在相关部门人员到达现场之前，车载系统可以继续提供编造的数据来迷惑作案人员。

但对于维修中的数据盗窃，其监管则显得困难多了。由于相应的场地及仪器更加高级，并且可以利用复制的数据躲过云端系统的检测，所以对于反盗窃，主要需要依赖硬件本身的安全设置，例如多层的防火墙以及数据导出的设置等。

对于数据盗窃的预防还需要有相应的法律法规的保证。现在车联网数据相应的安全法律还远没有完善，如果说相应的安全软件与硬件的设置可以有效阻止信息犯罪的进行，那么完善的法律法规则可以从源头上预防这些犯罪的开展，例如对于盗窃车联网数据的罪犯可以参照网络黑客的惩罚措施予以惩治。

02 Section 监管难题——互联网汽车如何监管

互联网改造汽车的大潮中，无论是智能汽车的安全监管，还是P2P租车市场的征信监管，以及最近处在风口浪尖上的互联网专车监管，都需要及时、高效的反应才能应对互联网带来的快速变化。政策或其他方面的监管应当紧紧跟上发展的步伐，甚至提前预知市场发展趋势，给出相应的支持或界限。

一 智能汽车需要一把安全锁

当智能汽车的驾驶辅助系统开始展现一些自动或半自动的行为之后，将引发更多关于安全监管和道德伦理等问题。因为驾驶汽车的不再仅仅是驾驶员自己，计算机也在参与驾驶辅助，或完全由计算机担负驾驶任务。那么在发生车祸时，是该认定由人承担责任还是由设计驾驶系统的企业承担责任呢？

以智能防撞功能为例，在汽车高速运行的情况下，很明显的规划错误或对传感器读数的错误解读将为驾驶员和乘客带来致命的后果，最糟糕的情况是，驾驶辅助系统甚至可能促使或直接导致交通意外事故。比如，丰田在 2012 年就出现过一起关于自动制动系统“急刹车”的事故，当系统侦测来自旁边车道车辆车体反射的散射波时，可能错误地判断前方有障碍物，而自动地启动了制动功能。所以，“是否可能判断‘车辆’在事故中所占有的失误比重”、“谁应当承担责任”成为许多衍生出来的新问题。

根据预测，到 2040 年全世界将有 75%的车辆采用自动驾驶的运行模式，安全监管和法律议题，特别是智能汽车的相关民事责任必将逐渐显现出它的重要性。或许我们可以借鉴飞机运用黑匣子来记录事故原因的方法，在汽车上也运用黑匣子事故记录器（见图 10.2），这将对于智能汽车安全监管发挥很大的用处。黑匣子可以有效协助判断究竟交通事故的发生起因是人为过失、机械错误还是两者皆有。

图 10.2 汽车黑匣子

（图片来源：Onstar 系统 Six types of driver who would benefit from 'black box' ins urance – and why）

二 P2P 租车市场异军突起，征信监管是难点

2014 年以来，P2P 租车行业中，宝驾租车、PP 租车、友友租车等 P2P 租车公司相继获得融资。这种形式，让私家车主将自己有意出租的闲置车辆陈列在租车平台，并完善车辆的推广信息，租客则可以通过 APP 或网页

搜索找车，若租客产生对车的兴趣并选车下单，车主接到请求提醒根据以往信用记录决定是否接受订单，双方根据时间和价格等条件完成租赁交易。P2P 租车流程便捷、满足了用户的即时性需求，也把社会上闲置起来的个人车辆合理利用起来，节约了社会资源。

而在这其中征信体系建设是一个大命题，当前阻碍汽车租赁行业发展的问题主要是社会征信体系仍不健全，促进租车业发展的相关法律政策有待进一步完善。如果“我要租车”和“租给我车”的双方都有着极高的信用，租车行业的手续会更加简便，对租车企业来说运行成本也会大大降低，整个租车市场也能更加稳定、快速发展。

如果征信体系能够更加健全，相关法规制度的监管进一步完善，租车行业发展的空间就更加广阔了。

三 私家车不许当专车

在 2015 年的两会期间，中国交通运输部部长杨传堂重申了“私家车不许当专车”的监管态度，在互联网、交通运输改革和出租车改革的三重背景下，2014 年开始火速蹿红的互联网专车可谓“多方博弈、暗流涌动”。

罗兰贝格的数据分析告诉我们，中国日均轿车出行的需求量大约是 6000 万次，其中 3000 万次可以被出租车满足。剩下的一半市场，全国租赁车辆的数字大约为 35 万，意味着如果租赁车全部投放，也只能满足剩下需求的 10%左右。余下的部分都是由各种黑车等不合规的社会车辆来满足。也正是由此可以看出，互联网专车的需求是非常大的。

有声音表示，互联网专车如果没有运营资质，归根到底就是不安全，而且扰乱了现有出租车的行业秩序。私家车如果要成为专车，首先要有一个严格的准入“门槛”，要经过相关部门的审核，并要求司机获得运营资质。

同时私家车要经过严格的安全监测并上高额保险，司机也要接受职业培训等。

同时，监管的难度还在于由于涉及移动互联网业务，所以互联网专车在中国会受到工信部和交通运输部的“融合监管”，而在中国监管的目标首先是消费者利益最大化，其次是要有利于产业的发展，此外还要考虑网络与信息的安全。

在全国的监管暂不能完全统一对待的情况下，很多省市已经开始创新立法，将互联网专车的监管制度“分城市运行”，满足了各个城市不同的市场与消费情况。

03 Section 驾驶安全挑战——如何兼顾驾驶安全和娱乐体验

如果你坐在副驾驶的位子上，会不会在驾驶员边发短信边开车时紧扣安全带？如果驾驶员同时还把玩 iPad 之类的娱乐设备，你可能就要弃车而逃了吧？但在未来汽车将成为人类的终极移动空间，在这个空间中，不仅要满足人的出行需求，也要满足人的娱乐需求。未来的车载系统的娱乐功能显然要比前述两者更加强大，在自动驾驶的时代真正来临之前，车载娱乐设施的强大功能也许会造成驾驶员的分神，成为交通事故的“罪魁祸首”。

一 驾驶员“一心多用”

未来的车载娱乐系统将是所有人类拥有的娱乐设备的集合体，包括视听娱乐、游戏和实时信息获取等。例如可以播放高清电影，下载市面上最流行的电子游戏，涵盖所有的新闻以及股票信息的 APP 等。

因此，可以想象当驾驶员面对相对无聊的开车时，例如在平坦的高速公路或者拥堵的城市街道时，就会打开车载娱乐设备消磨时间，从而被里面的内容吸引，增加了交通事故的发生概率。试想一下，当你关注的股票突然地走高或者走低时，你会更加关注前方突然变道的车辆还是会更加关注你账户金额的变动？

当然驾驶员本身的“掉以轻心”也不是造成分神的唯一原因，即使最谨慎的驾驶员也难免会被车上乘客干扰。车载娱乐设备的更新换代显然更加丰富了乘客的乘车体验，例如乘客可能在乘车的同时欣赏大片，并且感情投入、表现夸张，甚至伴随着随剧情发展的尖叫声，而这些都可能成为对驾驶员的干扰。

二　不得不看的消息推送

如果说视听娱乐完全可以通过驾驶员的自制力克服，但是由于未来的汽车会是另一个互联网终端，不时的消息推送一定会成为车载系统的另一个特点，这些消息包括了周围商铺的广告，道路安全事故的警告，汽车状况的汇报等，消息的密度甚至会超过你的手机（见图 10.3）。

图 10.3　消息推送

（图片来源：网络消息推送）

例如，当你经过一个巨大的商场时，你可能会想去某家餐厅进行短暂的休息，商店内的许多店铺可能会同时向你推送其特别的菜品及优惠活动，让你目不暇接。然而商场的入口往往也是交通事故的频发处，此时对某个信息的过分关注也许会酿成交通事故。

那么关闭消息推送有可能吗？对于娱乐性的消息推送或许可以，但是有些重要的消息推送，例如路况和汽车性能数据的信息则无法关闭，可想而知，未来的汽车驾驶员一定会受到这些消息的干扰，影响其开车的专注度。

三 如何保持专注

当然，随着自动驾驶的逐步实现，这些问题自然也会迎刃而解，但显然车载娱乐系统的普及会比自动驾驶的普及更早来临，所以如何在这个过渡时期减少驾驶员“一心多用”的问题，从而避免交通事故的产生是整车厂需要考虑的重要方面。

目前可行的方法有两个，一是进行消息分级，二是在汽车非行驶时间进行推送。

一种方案是消息分级，故名思议就是将汽车推送的消息进行重要性划分，例如将有关交通路况和汽车性能问题的消息列为重要消息，而把广告列为低重要性信息，这样驾驶员就可以设置基于重要性屏蔽的功能了，如果驾驶员设置了屏蔽指标，低于某个重要性的信息就不会被推送，只有重要的消息才会出现在行驶过程中，这样就可以大大减少驾驶员在行车过程中被打扰的次数，降低事故率。

另一种方案是在非行驶的过程中进行间歇式集中消息推送，例如当汽车遇到红绿灯，或者靠边停车等这些停止状态下的时刻进行消息推送，这样驾驶员就可以在驾驶闲暇时期集中浏览这些信息，从源头上防止驾驶员分神。

04 Section 伦理道德问题——无人驾驶事故责任如何划分

未来的汽车将实行无人驾驶模式，那么是不是就意味着没有交通事故的存在了呢（见图 10.4）？显然不太现实。比如号称不会犯错的电脑，虽然电脑的数据处理的确不会犯错，但电脑也会有死机的时候，更何况是要应对更加复杂环境的汽车，看过关于机器人的科幻大片的人都知道，就算集合了所有人类智慧的机器人都会对人类构成威胁，那么自动驾驶汽车的零事故假设似乎有些荒唐了。

图 10.4　交通事故现场

（图片来源：交通事故现场）

自动驾驶虽然可以极大地降低事故的发生频率，但一旦有事故发生，却很难鉴别事故的责任人，因为根本没有人开车，自然也就无法将事故归于某个特定的人了。如果盲目地将责任推给汽车生产厂，似乎也不是一个合理的解决方案。

一　如何判断责任方

现有的交通法规归纳了一些主要的事故情形，并且合理地将各种事故分类进行责任划分。例如现有的法规把肇事责任归为追尾方、变道方等，当然有时这种划分也为人诟病，因为构成意外的情况太多了。例如追尾的发生可能是因为前辆车的突然刹车导致，而不是追尾方的疏忽。不可否认的是，目前的法规仍然具有一定的借鉴意义。

但这些法规在未来却很难再有用武之地了，因为汽车中可能不再有传统意义上的驾驶员了，显然不能把事故归结于车内乘客，毕竟他们从始至终没有操作过汽车，也无法决定汽车的走向。但是如果将责任归结于整车厂或车联网设计公司，因为故障是由汽车的硬软件造成的，显然也不合理，因为造成硬件或者软件失灵的因素有许多，例如天气、路况等，并不一定是零件的质量问题。

二　损失该如何赔偿

既然无法将交通事故进行归责，事故的赔偿自然也就无法进行了？例如当一辆车不幸撞倒了行人，产生的医疗费用到底该由谁出？又或者车辆在事故中损坏了需要维修，但是由于未来的汽车共享制度，这部分费用是要分摊至每个共享车主还是仅由当时的乘客负责？或者由租车公司承担？

这些有关赔偿的问题都需要进一步商榷。

如果只是由当时的驾乘人员进行相应赔偿，那么当时的乘客则会抗议说零件与系统的损坏可能是由长期的使用造成的，并不能只由事故发生时的使用者负责赔偿，应当由所有的汽车使用者共同赔偿，诸如此类的矛盾还有很多，都等待我们去解决。

三　公平如何体现

应当如何进行合理的事故处理呢？事故中似乎谁都没有责任，但是必须需要有一方承担责任，进行赔偿，否则未来的交通体系就不能称作完美。

方案一是像飞机一样制定黑匣子，即在车内放置实时记录的仪器，通过录音和对各个部件参数等记录，在事故发生后可以通过对黑匣子的数据分析，大致了解事故的原因以及造成事故的人员，再进行相应的归责就显得有理有据了。

方案二是群体保险，即所有人都缴纳一部分的事故保险给第三方，在机器或者道路造成的事故发生后不进行相应的归责，而是直接由这部分保险进行赔偿。这个方法虽然在公平性上不如上述方案，但是其处理事故的效率以及赔偿速度可以大大提高，而且可以使事故的程序自动化。

05 Section 汽车钱包安全如何保障

电子钱包的应用给人们的日常生活带来了便捷，但同时不可否认的是，这份快捷却是以牺牲安全性为代价的。对比一下各大银行的网上银行系统与支付宝就可以看出，通常一个普通银行的网上支付系统会设置多重密码，在登录和转账等不同环节要进行不同的身份验证，支付需要耗费一定的时间。然而通过支付宝，完成转账操作可能只需要几秒钟，十分方便简单，只需要一次性输入支付密码即可。但相比银行系统，支付宝的安全性就要大打折扣了。

这个理论同样适用于未来的汽车钱包，在驾驶途中，驾驶员一定不会有时间频繁输入密码与确认账户，所以未来的汽车钱包的安全性也会成为大问题。那么我们将如何藏好未来移动空间内的“私房钱”呢？

一 遭遇扣费“拦路虎”

如今高速公路拥有多个收费站，假设其中一个并不是由政府运营，而是由一个犯罪团伙私自设立，将给驾驶员和正常的社会秩序带来极大的影响。当然许多人也许根本不会考虑这个问题，毕竟很难有不法分子有能力在高速公路上凭空造出一个收费站，而且即使建造出来，在短时间内也会被相关的执法部门查处。

但在未来，各种伪造的收费站可以是无形的。由于汽车钱包的普及，收费站都会采取无线的方式进行扣费处理，不会再使用实体的、人工操作收费站了。这就给了潜在的犯罪团伙机会，只要他们在路边搭建相应的仪器设备接入既有系统通过汽车钱包私自扣取费用，驾驶员也会通常认为是收费站，不会发现是不正当的扣费行为，而且一旦发现也很难再找到作案人员或进行索赔。如果犯罪团伙设置的扣款金额较小，一般的车主也不会为了这些零钱而在行驶过程中停车去查明真相，一是因为如果要在高速公路上停车去检查，面对来来往往的车流，难免有点太危险；其次由于车速过快，支付产生延迟，要准确找出非法路障的方位基本不可能，何况由于高速公路无法掉头，车主也不会选择徒步去寻找违法的收费站。于是汽车钱包内的钱就直接流进了不法分子的口袋里。

也因为这些原因，监控这些非法的扣费路障（见图 10.5）将变得十分困难。

图 10.5　扣费路障

（图片来源：电子警察）

二　账户信息不翼而飞

未来的汽车支付一定会通过绑定车主的某个账户进行扣款，如同支付宝绑定银行卡一样的操作形式。经过绑定后，汽车钱包就存储了车主的账户信息，虽然每次超过一定金额的支付仍然会使用相应的支付密码进行验证，但未来的汽车由于时刻与外界进行高速的数据交换，高速便捷的网络同时也会给大规模的数据盗窃提供机会。

例如只要在路边设立一个介于汽车与收费系统之间的类似数据拦截器的装置，由于数据传输的高速性与实时性，该车车主的账户信息就可以立马被收集到特定的设备上去，并且隐蔽性极高，这些信息包括了账户以及支付密码、登录信息等，这样犯罪团伙就可以利用账户信息进行进一步的盗窃了。

三　共享车，账户也会共享

汽车 4.0 时代的又一大趋势——共享出行，可能也会是导致汽车钱包不安全的一个潜在因素。共享汽车是不是也会导致账户信息的“偶然共享”呢？

将来的乘用车可能不会单独属于某一个人，甚至会成为新的公共交通出行方式。但汽车共享并不代表汽车内部的所有信息都需要进行共享，比如说有关汽车钱包的各种信息。不过，共享汽车中的“家贼”却令人防不胜防。

例如当属于多个人的汽车需要进行定期的保养时，其费用一般会选择分摊的方式，即对每个共享车主的账户进行等额扣款，这样就必然会牵涉各个账户的信息与密码。如果其中一个车主在这个付款过程中做了点手脚，对其他车主的财产安全都会造成不小的影响。并且，更加可怕的是，如果其中一个共享车主属于某个诈骗团伙，或为了获取利益将获得的账户信息散播出去，那么其大可在单独用车时利用设备轻易地完成作案。

所以汽车钱包未来一定会经历“内忧外患”，其安全隐患的解决也会是汽车共享与自动驾驶的一个必须跨过的障碍。

06 Section 互联网汽车租赁事故责任如何划分

无论是传统的汽车租赁业，还是在移动市场中新兴的 P2P 形式的汽车租赁业务，在发生交通事故责任时都面临各自的问题。移动汽车租赁主张私家车车主将闲置车辆租给其他用户，看起来可以帮助私家车主获取利益又能减轻交通压力，但在实际操作中一旦遭遇交通事故，处理起来却不省心。移动汽车租赁由于车辆的所有者发生了变化，所以在交通事故责任判定时还要审视租车公司或者个人是否应当承担相应责任。

很多选择租赁汽车出行的人在驾驶过程中抱有“租来的汽车可以随便一点开”的心态，导致被租赁的车辆易成“马路杀手”。如果信息审核登记环节一旦出现问题，很容易给公安机关侦破案件添加难度。

发生连带事故是否应当承担连带赔偿责任和代人受罚是租赁汽车所有权拥有者面临的两大问题，而消费者在租车前又会被对车辆隐患的担忧和一旦发生事故时所造成的麻烦而困扰着。

一　汽车租赁公司不应作冤大头

一般汽车租赁公司（见图 10.6）和承租人在租赁合同中都会进行约定，当出现交通事故时，只要不是租赁车辆安全等自身性能的问题，无论事故责任人是承租人还是第三者，车辆的所有人无须承担任何责任。但是实际中，却并非这样简单。

图 10.6　租车公司

（图片来源：租车公司）

在 P2P 租车形式中，如果租赁车辆出了交通事故，私家车车主、租车的消费者和租车平台公司在车辆的后续维修等问题上，会产生不少争议。如果需要通过保险流程进行解决，还会涉及商业保险公司。因此，当产生问题后，其中事故责任的分辨就会变得更加复杂。一旦处理方式不当会对各方的利益都造成影响。

尤其是承租人在车祸中身亡时，遭受人身或者财产伤害的同车乘员或者家属往往会把租赁公司告上法院，把目标转移到车辆的所有人身上，要求民事赔偿。法院在审理时，有时同样会因为交通事故责任人不能履行赔偿责任，而判决由汽车租赁公司承担垫付责任或者连带赔偿责任。类似的情况在中国一些省市已经出现不少，因为汽车租赁公司本身是盈利单位，会被误解应当承担连带赔偿责任。然而汽车租赁公司不应作承担事故责任的“冤大头”。

从法律的角度来讲，判决汽车租赁企业承担连带责任违背了民事法律的公平原则，租赁公司在交付前做到了行驶安全性能达标和查验承租人的承租资格后，对租车过程中发生的交通事故无法控制，自然也不应当承担责任。然而现有的交通安全法规对租车公司的连带责任却没有给出明确的规定。

现有的移动汽车租赁业务正处在发展阶段，既有的汽车租赁业也是一个微利行业而且本身承担比较大的风险，这时候再让租赁公司成为“冤大头”，恐怕对租赁汽车业务的成长更加不利。

二 目前已有的解决办法“治标不治本”

在这样的情况下，汽车保险看起来是有效的解决方法，可以对租车者的租车能力和违章风险做综合评估，引入专门的保险品种，或由租车平台公司先行垫付的保险赔偿计划等。但如果保险额度不够，在车辆的后续维修和赔偿等问题上，车主、租客和租车平台公司之间还有许多麻烦的问题需要解决。拥有商业保险也并不能解决这一问题。如果承租人和车主在事故赔偿方面是否通过保险程序解决不能达成一致，也会给用户造成困扰。

传统的电子监控和流动拍摄交通违法行为一般被作为“非现场执法”的方式用来保障道路安全顺畅预防和减少交通事故。但等交警部门开出的罚单寄到租赁公司时，短租客户可能已经结束了租车合同，租赁公司还要花大量的时间和精力去通知、催促客户前去处理违章，否则就要被代为罚款并接受处罚。

法国的处理方式可能给租赁行业提供了一种很好的范例。法国汽车租赁公司所有的车辆全部由交警部门登记，租赁车辆违法后，交警部门立即通知相关的汽车租赁公司要求提供相关资料，警察会直接通知违法的承租人进行处理，不会出现“代人受罚”情况。上海等地的公安交警部门逐渐采用了这样的处理方法，要求汽车租赁公司对承租人收取交通违法保证金，一段期限后退还扣除违章扣款的余额。

这种办法也被用在一些 P2P 租车或共享汽车的客户端上，用户在注册自己的租车账户时需要由信用卡或支付平台首先支付一笔“押金”，在注销账户后一段时间内会予以退还。但是毕竟这样的解决办法还是治标不治本，汽车事故发生后责任到底属于私家车车主、租车的消费者和租车平台公司的问题依然处于一个模糊的状态。

三 移动技术解决责任划分难题

到了移动汽车时代，移动汽车租赁可以借助云端数据存储和共享技术来为汽车租赁的诚信体系建设出力。每一辆租赁汽车从被租赁前、租赁使用过程到租赁结束都有完整的车况实时记录，详细记录汽车每一个零部件的情况。

谁开着哪家公司的哪一辆车在何时出现在何地发生了什么状况都能在第一时间被记录与通知相关各方，事故责任的划分就有了非常重要的依据，事故认定过程的周期也大大缩短。例如整辆车各零部件的电子数据、事故发生时的录音和录像都能被记录下来，在这样的“铁证”面前，到底是车的问题还是人的问题就能迅速查明——倘若汽车的电子数据显示在汽车被交付到租赁人手中前并没有车况方面的问题，而是在租赁人自己在行驶过程中出现了驾驶失误导致事故，那么将由租赁人自己承担全部事故责任；如果是汽车在被交付前已经存在了车况问题，出租方，租赁平台公司也没有因为存在车况问题而取消其出租资格，那么由车况问题造成的事故责任将由出租方和租赁平台公司共同承担。

而每一位租赁人的租车经历和其他诚信档案也都可以被整合、共享，租赁企业可以通过大数据来分析租客的信用再决定是否租车给租赁人。倘若是由于租赁公司错误判断了租赁人的信用造成了对汽车的损伤，那么赔偿将由租赁公司承担责任；同样地，如果是租赁人瞒报信用造成了损失，就由租赁人完全承担事故责任。

在移动汽车时代，移动技术将从根本上解决 P2P 汽车租赁过程中的事故划分难题，从出租方、租赁人到租赁平台公司都能够有理、有据、有序地承担其各自应当承担的责任。

07 Section 汽车性质原因导致电商难以壮大

面对铺天盖地的电商宣传以及互联网热潮，汽车消费者似乎有点不买账。确实，电商已经在快消品市场抢占了极大的份额，但汽车市场的电商仍然只处于起步阶段。汽车电商每年的汽车销量只在万辆，相比于传统的汽车市场，显得微不足道。加之，由于汽车性质原因，汽车电商受到用户体验、物流、交易支付等限制，想要在汽车市场站稳脚跟显然还需要多加努力。

一　汽车服务必须依靠实体店

汽车电商短期内无法替代实体店铺，原因很简单，汽车服务必须依靠实体店内的设备与技术人员进行诊断与维修，即使电商不断进行市场推广与营销，汽车服务本质需要依靠实体店这一事实显然无法撼动。

假使有这样一个平台，首先顾客可以描述自身的汽车状况，然后将问题发布给专业技师，技师诊断后进行反馈与录制维修视频，之后顾客是否就可以凭自己进行汽车维修了呢（见图 10.7）？显然不可能，因为在第一步中，能准确描述汽车问题的消费者就少之又少，更不用说之后的一系列步骤了。

图 10.7 汽车维修

（图片来源：澳洲 TAFE 課程）

即使消费者能够依靠自己学成修车技术，汽车零部件的重量和体积也决定了物流配送非常困难，物流成本非常高，而且需要承担一定的损坏风险。例如 2014 年 6 月 27 日发生的特斯拉车主砸车事件，正是由于特斯拉在物流环节出现的问题。

所以汽车服务还是要依靠专业的技师进行诊断，专业的工具进行维修以及专业的设备进行保障，显然仅仅依靠电商无法达到这些标准，自然电商在汽车市场上的话语权就小许多了。

二 网页无法替代体验

汽车是大件商品，不同于普通快消品，一般来说目前购买一辆汽车对普通家庭来说是一笔不小的费用，是需要慎重考虑才会决定购买的，所以消费者会不惜时间和精力到传统 4S 店进行实地体验。即使再富有再随性的消费者也不会仅凭网站上的几张图片就做出买车的抉择。

消费者购买汽车的过程本身也是充满乐趣的，在实地的汽车体验试驾中，消费者可以了解各个汽车品牌和车型，感受不同汽车带来的驾驶乐趣。另外消费者还可以通过与销售人员的攀谈中获得许多汽车的相关知识，例如品牌与性能方面。如果仅仅是通过浏览网上的汽车介绍、图册或者视频，消费者就无法享受买车与试车的乐趣，自然电商也就不会成为他们的首选。

因此，虽然前往实体店铺需要更长的时间与精力，但是其带来的放心和买车体验确实是电商依靠线上服务无法比拟的。

三 线上线下结合

虽然电商无法包揽汽车市场的业务，但是不代表其不能在庞大的汽车市场上“分一杯羹”，解决这些问题的办法是加强线上线下的结合，在线上部分完成汽车硬件指标、价格的比对以及下达订单，然后线上预约试车，然后再在线下进行实际的取车。

比起在各个实体店里奔波比较，线上平台可以是一个信息整合平台，让价格与服务比对可以更有针对性，消费者也可以直观地看到汽车的各项参数，做到心中先有数，然后下达订单，支付定金。这样可以更有针对性并且有序地预约试车体验，并方便汽车经销商安排试车服务时间。

在完成试车后，消费者也可以通过网上预约提车，这样实体店铺就可以方便快捷地为消费者安排好提车时间。同时，其他的维修、保养等服务也都可以参照此模式来进行。线上下单提前预定时间，方便车商进行安排提高效率，线下完成维修和保养任务。

如今已经有不少 O2O 模式显现了，例如著名的售后服务厂商驰加在今年就宣布在天猫上开设“米其林驰加天猫官方旗舰店”，并推出驰加 O2O 解决方案，完成线上线下一体化服务。绝大多数的消费者也都反映，驰加的 O2O 解决方案让汽车维修保养服务变得“便捷、快速与专业”，（见图 10.8）。

图 10.8 驰加 O2O 平台

（图片来源：米其林电商模式）

08 Section 汽车电子安全将成为汽车业关注焦点

许多科幻电影都会出现这么一个经典桥段：在未来，人类将受到人工智能科技的威胁并展开敌对……那么全自动的汽车会不会成为“预言”中的一部分呢？虽然这个可能性微乎其微，但是一旦汽车系统遭到外来的入侵，其对人类造成的影响还是非常严重的。

在未来，汽车与互联网关系密不可分。汽车自动驾驶技术依赖于每辆汽车与车联网的数据共享，大量的汽车行驶信息需要上传；汽车联通你的银行账户，会成为电子钱包，你的停车费、汽车维修费用、保养费用等全都要通过汽车完成支付；汽车远程控制的时候需要通过其他终端——个人电脑或手机——下达命令……这一切的一切都离不开网络，但是，如果在这些环节有黑客介入，那一切都乱套了。汽车作为人类的终极移动空间在人类生活中占有重要的一席，如何保障汽车空间的电子安全将成为未来汽车业关注焦点。

一 车联网终端被入侵

在自动智能驾驶时代，由于每一辆汽车都需要同车联网终端获得当前周围汽车的运行状况来规划汽车自身的行驶路线和速度，但倘若有一天，交通系统终端被人入侵了该怎么办呢？

后果将是灾难性的，这时每一辆汽车所收到的交通系统给出的数据都是错误的，汽车所有的行驶预判都会被误导，例如入侵者可以通过车联网将每辆车进行锁死，造成大规模的堵车事件（见图 10.9）；他们还可以向汽车传递错误的路况信息，从而导致严重的车祸……入侵车联网就等于得到了每一辆汽车的控制权，其后果将是不可想象的。

图 10.9 导致大规模交通拥堵

（图片来源：北京堵车）

二　个人隐私信息泄露

为了能够帮助车主定制个性化并且高效的行车路线，汽车将实时记录并保存汽车行驶全部过程中的路线记录，这些记录倘若被泄露，黑客就可以通过这些研究清楚车主的作息时间和外出习惯，近而制定出“量身定制”的盗窃或绑架计划。

例如，黑客可以通过汽车上运行记录得知车主的孩子是在哪所学校上学，车主一般在什么时间会远程控制汽车去接送孩子上下学，黑客就可以利用一辆外观同目标汽车一模一样的汽车在同一时间去接送孩子，完成绑架。

如前文所说，汽车还将作为电子钱包记录有银行账户信息，倘若这些信息被盗取并复制，黑客可以通过伪装直接盗取车主的银行存款。

三　应对汽车安全问题

当黑客利用程序漏洞夺取了汽车行驶的主动权，汽车就不再听从车主的设定和车联网对汽车行驶速度和位置的限制，将会对车主的生命安全造成威胁。

有两种办法可以解决这种情况，一种是积极地正面堵防，给车载计算机配备更复杂严密的防火墙，严防黑客的破解，不过“道高一尺魔高一丈”，再强的防火墙都有被攻破的风险，所以还有第二种消极的应对措施，就是车主发现被入侵后可以通过硬件按钮强制解除汽车同外界的网络连接，启动备用驾驶系统，备用驾驶系统不与互联网连接，所以黑客就不能再继续对汽车进行控制。不能进行全自动智能驾驶，只是提供汽车辅助系统，驾驶员必须在辅助系统的帮助下完成主动驾驶。虽然车主的命保住了，却会对这辆车所在的交通环境造成影响，这相当于是在全部都是全自动智能汽车运行的道路上突然加进了一辆不服从车联网安排的半自动汽车，附近的车辆必须停下来适应这辆车的行驶，这辆车将成为害群之马，导致一定范围内的堵车。

而且第二种应对措施仅限于车主在汽车中的情况，在更多情况下，车主不在汽车中，车主可以通过个人电脑和手机控制自己的汽车行驶来接送他人，这时汽车的控制权被恐怖分子夺取了该怎么办呢？汽车可能被控制着驶入人流拥挤的商场横冲直撞，或是载着炸弹撞向标志性建筑物，这是未来移动时代中汽车行业不得不面对的严重安全问题。

未来汽车作为人类终极移动空间后，如何保证这个空间的安全与私密，定将成为汽车设计与制造的重要一环。

后 记

——缘何汽车是人类终极的移动空间

“世界那么大，我想去看看。”交通出行问题伴随着不同时代人类社会的发展不断提出新的解决方案。而今，“互联网+”让汽车有了“思维”，有了“大脑”，有了“感官”，有人戏称“汽车终于赶上马车了”。

每个时代交通出行问题的解决，背后都是机械工业、基础设施和新兴技术作用于整个人类社会大环境的结果。1885 年以来，汽车作为现代社会不可或缺的交通工具，在陆路运输方面占据着主要地位，也在第一次“桌面互联网”，第二次“移动互联网”中发展，完善了汽车行业提供的服务。2030 年，“互联网+”助力汽车 4.0 的时代即将到来，现今的汽车产业也不断接受着市场给予的新挑战。

拥有近 200 年历史的汽车，在技术方面已经拥有了卓越的进步和长足的发展。一些目前仅在高级别车辆上应用的技术，随着新材料等技术的发展，进一步降低成本，将会慢慢普及到家用车辆上来。随着大数据、云处理等现有互联网技术在汽车上的普及，车与车之间互相联系、信息共享，技术层面的成熟决定了汽车是人类寻找终极移动空间的突破口。

单辆汽车的更迭周期短、流动性强，汽车产业在国民经济中扮演着不可或缺的重要角色。整条汽车产业链在满足消费者需求时，能较好地做到同步发力、不断更新，服务模式也将呈螺旋式上升的态势。在其他行业汲取的经验可以放到汽车行业的市场认知中对消费者进行学习，更好地改善汽车企业提供的服务。

随着消费者的差异化需求越来越受到重视，追求个性是接下来的市场主流“90后”、“00后”的重要特点。汽车产品恰当的空间大小和商品价位成为很多消费者展现个人风格的第一追求，汽车将成为人们的一张名片。汽车可以很好地满足终极移动空间的个性化需求，打造生活、工作之外的第三空间环境。

随着汽车电子的发展，汽车内外空间将成为各类电子应用的集成。丰富、有趣的软硬件设计将充分满足人们在移动过程中的影音、视听、娱乐、办公等多层次的需求。车载设备的显示终端和手持设备甚至家用电器的控制设备跨屏连接、一键互动，既能在交通工具的角度满足人们对出行需求，又符合人们对于未来生活的畅想。

总而言之，汽车作为人们生活不可或缺的一部分，已经并将继续扮演人类生活中主要的移动空间的角色。Volvo 公司预测，汽车作为陆路运输的方式，永远不会消失。第三次互联网革命带来的“互联网+汽车”将能够为人类打造终极的移动空间。